do you like
playmobil

contents

저자의 말 004~005
플레이모빌은
행복을 주는 장난감

플레이모빌
챕터

1

Information desk

01 008~011
요즘 대세 라이프스타일 No.1 플레이모빌

02 012~015
플레이모빌의 창조자들

03 016~025
플레이모빌 50년 히스토리

04 026~029
플레이모빌 피규어의 발전사

05 030~031
영플레이모빌 그 시절 워너비 장난감 No.1

06 032~039
내 취향에 딱 맞는 카테고리

07 040~059
오리지널 카테고리

08 060~063
공식 라이선스 (Licence) 카테고리

tip 064~065
백곰삼촌 팁

catalog 066~079
역대 플레이모빌 카달로그 커버 갤러리

플레이모빌
챕터

2

Reference
Room

01	082~083

숫자로 보는 플레이모빌

02	084~085

플레이모빌의 얼굴

03	086~089

플레이모빌 콘텐츠로 접하기

04	090~105

플레이모빌 x 컬래버레이션 브랜드

05	106~107

얼굴 모양의 기능성 화분, '레츄자 오조'

06	108~109

아트토이라 부르는 XXL 피규어

07	110~111

플레이모빌 놀이 시스템

08	112~113

플라스틱 장난감 플레이모빌, 과연 안전한가요?

09	114~119

플레이모빌, PLAYMOBIL PRO가 되다

tip	120~121

백곰삼촌 팁

플레이모빌
챕터

3

Playmobil
Life

01	124~167

플레이모빌 피플

02	168~173

슬기로운 취미 생활

03	174~181

장난감을 넘어서는 작품, 플레이모빌 이야기

04	182~188

백곰삼촌 플레이모빌의 나라, 독일에 가다!

05	189~191

플레이모빌 50주년 전시 "We Love Playmobil"

06	192~195

플레이모빌 맨션: 50주년 기념전

마치는 말 196~197
플레이모빌 50년, 미래를 향해

추천사 198
대한민국 최고의 플레이모빌 전도사, 백곰삼촌

감사의 말 199
SPECIAL THANKS TO.

플레이모빌은
행복을 주는 장난감

아이들은 놀면서 많은 것을 배운다는 것을 이미 우리는 알고 있습니다.
놀이에는 인지적, 사회적, 신체적, 정서적 이점들이 있고, 나이가
들어도 그런 혜택은 동일하게 나타난다고 생각합니다.
물론 어른들에겐 다양한 취미가 있겠지만, 저에겐 스트레스를 풀기
위한 도구이면서 바라만 보아도 행복이 느껴지는 취미가 장난감
수집이었습니다. 이 책을 통해 저, 백곰삼촌이 하고 싶은 이야기도 바로
그 장난감 중 하나인 플레이모빌이 주는 행복에 관한 것입니다.

플레이모빌은 피규어 중심으로 역할놀이가 자연스럽게 이루어지는
장난감입니다. 덕분에 스스로를 투영한 자신만의 피규어를 들고
다니며 애착하는 경우를 자주 볼 수 있습니다. 저는 여기에서부터
어른들의 놀이가 시작되고 있다고 생각합니다.

놀이란 사람들이 소통하게 만드는 좋은 방법이며, 각자의 내면에 남아있는
아이의 눈으로 돌아가 세상을 바라보게 하는 매우 긍정적인 방식입니다.
그렇게 놀이는 아이든 어른이든 계속해서 사람을 성장시키는 매개체가
되어 줍니다. 그 안에서 얻는 행복은 이루 말할 수가 없겠지요.

저는 어른이 되어서야 플레이모빌을 만나게 되었지만, 제 아이에게는 어린
시절부터 플레이모빌을 접하게 해 주었습니다. 물론 저의 사례가 모두에게
통하는 것은 아니겠지만, 지금 제 아이가 자기표현이 확실하고 자존감이
높으며, 어떤 상황이든 판단력과 적응력이 뛰어난 것은 다양한 역할놀이를
통해 다져진 플레이모빌 효과라고 생각합니다.

아이는 커가면서 또 다른 것들에 호기심과 흥미를 더해가겠지만,
저의 최애 취미는 한결같이 플레이모빌입니다. 때론 마음을 위로하는
얼굴로, 때론 보고만 있어도 웃게 되는 따뜻한 표정으로 온전히 저를
반겨주는 플레이모빌은 저에게 늘 행복을 주는 장난감입니다.
이 책을 읽는 여러분에게도 이 행복이 꼭 전해지길 바랍니다.

플레이모빌 50주년을 기념하며
플레이모빌 코리아IQ BOX 앰배서더
백곰삼촌 김성수

do you like

Information desk

플레이모빌
챕터 1

PLAYMOBIL
chapter

1

요즘 대세 라이프스타일
No.1 플레이모빌

최근 국내에서도 라이프스타일이라는 단어를 자주 사용합니다. 개인의 가치관 차이로 인한 삶에 대한 다양한 사고방식, 생활방식 등 사람들 저마다 추구하는 삶의 방식을 지칭한다고 할 수 있습니다.

이제 소비자는 과거에 비해 더 이상 특정 브랜드나 제품, 광고로부터 단순히 유혹당하거나 설득당하기를 원하지도, 기다리지도 않습니다. 가치소비 시대를 사는 우리에게 원하는 제품이란 결국 자신의 꿈이 투영되어 있거나 자신이 추구하는 현재 삶, 즉 라이프스타일과 맞닿아있는 그 무엇이기 때문이죠.

플레이모빌과 함께 다양한 라이프스타일 제품을 처방하는 편집숍 '인더스토리 (IN THE STORY)'

스스로 라이프스타일 대표주자라 칭하는 띵굴 스토어, 츠타야 서점 등 국내외 생활용품, 인테리어 잡화점을 통해 가구와 소품 중심으로 라이프스타일 비즈니스가 급격히 성장하는 가운데, 유행에 구애받지 않고 오히려 유행을 넘어서 문화를 주도하고 싶은, 특별한 제품을 소개하는 편집숍들이 늘어나는 추세입니다. 장난감도 마찬가지입니다.

우리나라 장난감 시장은 캐릭터 애니메이션에 기반을 두고 있기에 유행에 민감한 편입니다. 그러나 키덜트(Kid+Adult)의 영역으로 넘어오면 확실히 다른 기류가 느껴집니다. 어른들의 시선에서 구매욕을 불러일으키는 다양한 취향 저격 상품들이 눈길을 끕니다. 단순한 구매에 그치는 것이 아니라, 수집하고 자랑하고 놀이하게 만드는 어른이들의 장난감. 그 중심에 플레이모빌이 자리하고 있습니다.

자동차와 컬래버를 선보이는 플레이모빌

커피 브랜드와의 컬래버한 플레이모빌

키덜트 토이의 대표주자 플레이모빌은 독일이 탄생시킨 세계적인 역할놀이 장난감이자
피규어 브랜드입니다. 최근 플레이모빌은 자동차, 커피 등 어른들의 관심 분야를 토이와
접목하거나, 타 브랜드와의 컬래버레이션을 통해 단순한 장난감 이상의 의미를 만들어
내고 있습니다. 특별판, 한정판 마케팅도 어른이들을 설레게 만드는 셀링 포인트 중 하
나입니다. 그런데 플레이모빌이 단순히 예쁘고 귀엽기만 한 장식용, 수집용 장난감이라
면 이렇게 전 세계적인 마니아층을 확보할 수 있었을까요?

플레이모빌의 창업자인 호르스트 브란트스테터는 플레이모빌의 매력에 대해 이렇게 말했습니다.

"저는 종종 플레이모빌의 무엇이 그렇게 특별한지 질문을 받습니다. 생각해 보면, 지난 수년간 한스 벡이 만든 피규어 속의 그 무언가가 그들을 더욱 특별하게 만드는 것 같습니다. 아이들은 플레이모빌과 함께 무엇을 할 수 있을까요? 제품에서 보이는 게 중요한 것이 아닙니다. 아이들의 머릿속에서 무슨 일이 벌어지고 있는지가 중요한 거죠."

플레이모빌은 겉모습만 본다면 아이들 장난감이지만, 어른들의 머릿속에서는 분명 저마다의 라이프스타일에 반응하여 무한한 즐거움을 주는 존재입니다. 지금 이 책을 읽는 여러분의 머릿속에선 어떤 반응이 일어나고 있나요? 바로 지금, 플레이모빌의 세계에 빠져 보시죠. 덕질에 나이는 중요하지 않으니까요.

"제품에서 보이는 것이
중요한 게 아닙니다.
머릿속에서 무슨 일이
벌어지고 있는지가
중요한 거죠."

호르스트 브란트스테터(Horst Brandstätter, 1933~2015)

02 플레이모빌의 창조자들

플레이모빌은 독일의 치른도르프Zirndorf에 본사를 둔 유서 깊은 완구 회사 게오브라 브란트슈테터 그룹Geobra Brandstätter Stiftung &Co KG에서 시작되었습니다. 회사는 1973년 석유 파동 이후 기존에 생산해 왔던 훌라후프 및 대형 플라스틱 완구보다 원료가 적게 들어가면서도 부가가치가 높은 제품의 필요성을 절감하고 있었습니다. 그래서 당시 인기를 끌던 미국 장난감 브랜드 마텔Mattel과도 경쟁할 수 있는 새로운 장난감 라인을 만들기로 결정했습니다. 해당 프로젝트의 담당자가 바로, 오늘날 플레이모빌의 아버지라 불리는 한스 벡Hans Beck입니다.

플레이모빌PLAYMOBIL은 Play+Mobil의 합 성어로 '가지고 놀 수 있는'이라는 뜻입니다. 한스 벡은 어린 시절 동생들과 양철 병사 장난감을 가지고 놀았던 기억에서 영감을 받아 Playmobil 라인을 개발했습니다.

독일 치른도르프에 있는 게오브라 브란트슈테터 그룹 본사

한스 벡(Hans Beck, 1929~2009)

1974년 2월, 한스 벡은 장난감 박람회에서 처음으로 플레이모빌 피규어의 프로토타입을 소개했습니다. 초기 디자인은 팔과 다리가 움직이는 단순한 플라스틱 피규어였습니다. 그러나 그는 곧 아이들의 관심을 끌기 위해서는 피규어에 더 많은 디테일과 액세서리가 필요하다는 것을 깨달았습니다.

아이의 손에 딱 맞는 크기에, 아이들의 그림에서 영감을 얻은 호기심 어린 둥근 눈, 둥근 얼굴, 웃는 표정은 플레이모빌 피규어의 상징이 되었습니다. 이후 그는 피규어에 사실적인 의상과 액세서리를 추가하고 아이들이 자신만의 상상의 세계를 만들 수 있도록 다양한 테마 세트를 디자인했습니다.

초기 피규어 스케치

머리, 팔, 다리, 손을 움직일 수 있는
3인치 미만의 새로운 피규어 개발

플레이모빌은 독일에서 출시하자마자 즉각적인 성공을 거두었고, 회사는 유럽과 미국으로 빠르게 확장되었습니다. 오늘날 플레이모빌은 100개국 이상에서 판매되고 있으며 세계에서 가장 인기 있는 글로벌 장난감 브랜드 중 하나가 되었습니다.

"플레이모빌은 아이들에게 특정 놀이 패턴을 강요하는 것이 아니라 오히려 아이들의 상상력을 자극하는 장난감입니다. 매뉴얼이 없는 '열린 놀이'를 지향하지요." - 한스 벡

1974년 출시된 첫 피규어 Klicky

최초의 동물 피규어, 말과 함께 개발된
클릭키(Klickys) 시리즈
1974_first figures

The beginnings 1974_market launch PLAYMOBIL

03 플레이모빌 50년 히스토리

안드레아 브란트스테터Andreas Brandstätter,
독일 바이에른 주의 퓌르트에 장식함 부품과
잠금장치를 생산하는 회사를 설립.

장난감 트랙터 및 플라스틱 말 생산.

1876

1950

1908

안드레아의 아들 게오르크Georg,
아버지로부터 회사를 인수받아
그의 이름 머리글자를 따라
회사 이름을 게오브라Geobra로 변경.

1952

호르스트 브란트스테터Horst Brandstätter 입사.
기존 제품군에 훌라후프 추가.

석유 파동과 저비용 국가로부터의
가격 부담 위기. 호르스트는 개발팀
책임자 한스 벡Hans Beck에게
새로운 놀이 시스템을 의뢰.
개발 조건은 최소의 플라스틱으로
최대의 놀이 가치 실현.

1970

플레이모빌 출시.
첫 출시 제품은 인디언Native Americans,
건설 노동자Construction Workers,
중세 기사Knights. 같은 해 뉘른베르크
국제 장난감 박람회 출품.

1974

1972

처음 개발된 7.5cm 피규어
클릭키Klicky 특허 신청.

1976

최초의 여성 피규어와
색칠하고 그림을 그릴 수 있는
흰색 피규어 등장.

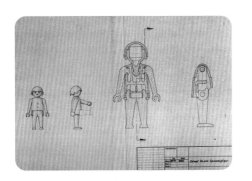

플레이모빌 경찰차 등장.
도시에서의 일상을 그리기 시작함.

장난감 라인에 더 많은 테마와 아이디어
추가. 기차, 플레이모 스페이스 등의
테마와 5.5cm 크기의 남자아이와
여자아이 피규어 등장.

1977

1981

1978

1982

다양한 피부색의 시작.
짙은 갈색 피부를 가진
플레이모빌 피규어 최초 등장.

이중사출 방식으로 모든 플레이모빌
피규어가 완벽한 피부색과
회전 가능한 손을 갖게 됨. 미국 진출 시작.

으스스한 분위기의
유령 피규어 출시.

1983

플레이모빌 피규어 기본 형태 추가.
해적 선장은 둥근 배를 가진 최초의
배 나온 남성 플레이모빌 피규어.

1986

1984

3.5cm 크기의 아기 피규어 등장으로
플레이모빌 가족 피규어 완성.

1988

피규어 형태 재설계.
날씬한 사람, 뚱뚱한 사람,
재킷을 입은 남자, 긴 치마를 입은 여자 등
다양한 인물 표현이 가능해짐.

18개월 이하 영유아를 위한
플레이모빌 1.2.3 시리즈 시작.

1990

건물을 만드는 새로운 방식의
SYSTEM X 등장. 작은 말뚝과
열쇠를 사용해 벽에 부착.

1997

1995

플레이모빌 최초
산타클로스 피규어 등장.

2000

치른도르프Zirndorf 본사 옆에
플레이모빌 펀파크Playmobil Funpark 개장.
기능성 화분 브랜드 레츄자Lechuza 설립.

플레이모빌의 30번째 생일.
30주년 기념 황금 기사 출시.

2004

플레이모빌의 아버지,
한스 벡 사망.

2009

2006

독일 월드컵을 겨냥한
축구선수 피규어 출시.

2010

플레이모빌 최초로
비키니 수영복을 입은 피규어 출시.

플레이모빌 미스터리 피규어
블라인드 백 제작. 교환이 가능한
부품들을 미조립 상태로 출시.

다양한 드레스와 스커트를
갈아입힐 수 있는 소녀들을 위한
라인업 출시.

2011

2013

2012

2014

출산을 앞둔 엄마 피규어를 출시하여
가족의 라이프스타일 반영.
동화와 전설을 좋아하는 팬들을 위한
6.5cm 난쟁이 피규어 등장.

플레이모빌 40번째 생일 기념 캠페인
'PLAYMOBIL Around the World'에
여행자 피규어 등장.

포르쉐와 첫 라이선스 파트너십 진행.
호르스트 브란트스테터 사망.
슈팅이 가능한아이스하키, 축구
스포츠 피규어의 등장.
산타클로스 피규어 20주년을
기념하여 XXL 사이즈 출시(65cm).

2015

Sony, Warner Bros.,
Universal이전 Dreamworks 및
ViacomCBS 등과 함께 추가
라이선스 파트너십 확보.

2017~2023

2016

Super 4 애니메이션,
TV시리즈 시작.

2017

'고스트버스터즈'
플레이모빌 첫 등장.

플레이모빌의 새로운 시대를 개척할
오리지널 기사 시리즈,
'노벨모어'의 등장과
TV 시리즈 시작.

미국 PLAYMOBIL의 '스타트렉'
Enterprise NCC-1701 첫 비행 시작.
이 Playmobil Enterprise는
100x48x34cm의 거대한 크기로,
함께 제공된 증강현실Star Trek AR 앱에서
제어 가능.

2019

2021

2020

2022

코로나 팬데믹 시기,
플레이모빌 소아 응급 의사 등
제품의 판매 수익금을 적십자사
긴급 구호기금으로 기부.

아스테릭스 시리즈 시작.
평균 80% 이상 지속가능한 소재 재활용
및 바이오 기반의 플라스틱 활용해 만든
플레이모빌 윌토피아 시리즈 등장.

일본 애니메이션 나루토 시리즈 첫 등장.
크리에이티브 회사 크레욜라CRAYOLA와 협력한
플레이모빌 클래식 Playmobil COLOR 재등장.
개별 디자인이 가능한 화이트 베이직
피규어와 액세서리 출시.

2023

2024

플레이모빌 50주년 기념
기사와 경찰차 출시.
플레이모빌 1.2.3이 JUNIOR로
시리즈명 변경.

04 플레이모빌 피규어의 발전사

1974년 플레이모빌 최초의 피규어가 탄생한 이후 지금까지, 아이들의 역할 놀이에 영감을 주는 플레이모빌의 상징이자 캐릭터로서의 피규어 종류는 대략 9,000개가 넘습니다. 플레이모빌은 블록 완구와 프라모델의 중간 형태로 손으로 만졌을 때 나무를 만지는 듯한 촉감을 느낄 수 있어 아이의 정서 발달에 큰 도움이 됩니다.

병원, 인형의 집, 경찰, 소방서, 자동차처럼 아이들이 좋아하는 시리즈뿐만 아니라 역사적 고증이 동반된 신화, 기사 시리즈 등 우리가 알고 접할 수 있는 다양한 분야의 피규어가 출시되고 있습니다.

★ 최초의 피규어 클릭키 Klicky

플레이모빌 피규어는 웃는 표정의 클릭키Klicky라는 이름으로 시작되었습니다. 현재 피규어와 차이라면 팔과 손, 다리와 팔이 일체형이라는 것과 피규어 발바닥에 당시 제조회사의 로고와 피규어 제작 시점을 알 수 있는 '1974'라는 숫자가 새겨져 있다는 것입니다.

★ 여성 피규어의 탄생

1976년, 기존 남자 피규어와는 조금 다른 헤어스타일, 굴곡이 있는 몸체, 헤어 관련 액세서리가 추가된 최초의 여성 피규어가 출시되었습니다.

⭐ 어린이·아기 피규어의 탄생

1981년부터는 한 가족을 이룰 수 있는 어린이와
아기 피규어가 만들어지기 시작했습니다. 초기보
다 훨씬 더 많은 유연성을 가지고 역할놀이를 즐길
수 있게 되었습니다. 점차 다양한 피부색을 구현하
여 인류의 다양성을 자연스레 인지하게 했지요.

⭐ 플레이모빌 집, 차량, 동물 및 액세서리

80년대 말에는 피규어뿐만 아니라 수많은 신기한 것들이 등장하기 시작합니다. 기본이
되는 플레이모빌 피규어의 완성도가 어느 정도 안정되자, 어린이들에게 어필하기 위해
차별화된 부품이 확장되면서 다양한 집, 자동차, 동물, 액세서리 등의 제
품이 출시된 것입니다. 이때부터 최소 4세 이상 사용을 권장해 온 플레
이모빌은 3세 이하 유아용 제품에도 관심을 가지기 시작했습니다.

★ 플레이모빌 피규어의 제조와 생산

플레이모빌은 피규어 초기 생산 및 배포 시 유럽과 라틴 아메리카 전역의 여러 회사에 라이선스를 허가하였습니다. 그러다 보니 지역별 출시 제품의 패키지 상 이름이 서로 상이하거나, 형태적인 측면에서 간혹 품질의 차이가 일어나는 경우도 생기기 시작했는데요. 그중에서도 가장 큰 문제는 플레이모빌 피규어를 불법 복제하는 해적판의 등장이었습니다. 1990년대 후반까지 유럽권에서 형태는 유사하지만, 품질면에서는 동일하지 않은 제품을 손쉽게 구할 수 있었습니다. 하지만 지금은 이러한 문제가 발생하지 않도록 독일 현지와 몇몇 공장에서만 모든 생산이 이루어지고 있으니, 유사품 걱정은 하지 않아도 될 거 같아요. 물론 라이선스는 더 깐깐하게 관리하고 있습니다.

Expansion to Malta_1971

★ 플레이모빌 미스터리 피규어 시리즈

플레이모빌 미스터리 피규어는 이름 그대로 어떤 피규어가 들어 있는지 알 수 없게 포장한 '랜덤 피규어' 제품으로 매 시즌 남자 피규어 12종, 여자 피규어 12종이 출시됩니다. 내용물을 미리 알 수 없는 것이 오히려 소비자들의 궁금증과 호기심을 자극해 매 시즌 베스트셀러로 등극하는 제품으로, 시리즈마다 선보이는 한정판 피규어는 소장 가치가 상당히 높은 편이라 할 수 있습니다. 더욱이 미스터리 피규어는 피규어의 머리, 몸통, 팔 등이 분리되어 있어 스스로 조립하는 재미가 있을 뿐 아니라, 다른 플레이모빌 피규어와 혼합해 자신만의 플레이모빌을 만드는 커스텀customizing이 가능하다는 점에서 무척 매력적입니다.

플레이모빌에서 출시된 최초의 미스터리 피규어 시리즈1 남녀 패키지

05 영플레이모빌
그 시절 워너비 장난감 No.1

아침에 일어나서 예쁘게 옷을 입고 / 학교에 가서 공부를 하고 / 미끄럼 타고 그네도 타고 / 엄마, 아빠랑 동물원에 가고 / 우는 동생 돌봐주고 / 우리들도 바쁘게 살아요 / 플레이모빌은 내 친구 / 내 친구 플레이모빌 / 아아아아아~빠 영플레이모빌 좋아요 / 영플레이모빌 영플레이모빌!

뛰고 달리고 구부리고 앉고 / 쥐고 올리고 매달리고 미끄러지고 / 집도 짓고 불도 끄고 / 아픈 사람 도와주고 / 멋진 자동차로 어디든지 가고 우주를 날으네 / 플레이모빌은 내 친구 / 내 친구 플레이모빌 / 아아아아아~빠 영플레이모빌 좋아요 / 영플레이모빌 영플레이모빌!

위 CM송 기억하시나요? 아마도 지금의 3~40대 이상의 분들에게 어쩌면 그리움과 애착을 불러일으킬 수 있는 노래가 아닐까 생각합니다. 제가 플레이모빌 작가님들을 인터뷰할 때 영플레이모빌 이야기가 종종 나오더라고요. 그때 이미 입덕을 하셨다고….

우리나라 대표 완구사 영실업에서 1980년대 초 한창 독일의 플레이모빌을 한국화하여 영플레이모빌로 판매했던 시절이 있었습니다. 지금은 중후한 매력을 풍기는 이민우가

영플레이모빌 사진: www.totoy.com

아역 배우 모습으로 TV 광고 전면에 등장해 당시 대한민국 어린아이들을 브라운관 앞으로 달려오게 만들 정도로 빅히트를 기록했었습니다.

사실 당시엔 값이 꽤 나가다 보니 저 역시 부모님께 아무리 졸라도 갖기가 어려웠는데, 해태제과에서 영실업과 제휴하여 '해태 영플레이모빌'이란 과자까지 만들어 유혹했으니 어린아이 입장에서는 보통 큰 고민이 아니었습니다. 너무 가지고 싶었으니까요.

영플레이모빌이 들여온 우주탐험 시리즈(독일 버전 이미지, 1981년)

지금과 크게 다른 점이 하나 있다면 국내에서 직접 플레이모빌 장난감을 제작했다는 사실입니다. 영실업이 라이선스 계약해서 독일 초창기 모델의 금형들을 들여와 직접 제조하여 출시했는데, 팔이 일체형이라는 점에서는 클릭키 초창기 제품과 동일했답니다. 지금은 추억이 되어 버린 영플레이모빌, 너무 그립습니다.

06 내 취향에 딱 맞는
카테고리

플레이모빌의 매력은 일관된 스타일 안에서 단순한 장난감 이상으로 마음을 자극하는 상상력을 전달해 주는 점입니다. 그러나 그것을 꼭 염두에 둘 필요는 없습니다. 플레이모빌에서 어떤 사람, 어떤 역사, 어떤 장소를 떠올릴 수도 있지만, 그 장면들을 반드시 느껴야 한다는 강요 따위는 전혀 없습니다. 그저 내가 이 플레이모빌들을 만나서 얼마나 즐겁고 행복한지를 느끼는 것만으로 충분합니다. 여기서는 취향껏 골라 보는 플레이모빌 카테고리를 소개하려 합니다. 여러분의 취향은 어느 쪽인가요?

★ 역사 취향 (그리스 신화, 중세, 기사, 웨스턴, 인디언, 빈티지)

플레이모빌이 가진 매력 중 하나는 다양한 인물, 위인, 신화처럼 우리가 기억하고 스토리텔링을 하며 두고두고 회자하는 캐릭터들을 피규어로 출시한다는 점입니다. 특히 각

플레이모빌 그리스 신화 12인 (아르테미스/아테나/아프로디테/제우스/포세이돈/헤라/헤르메스/헤스티아/데메테르/아레스/아폴론/헤파이토스)

각의 특징을 잘 살린 디테일을 보는 재미가 쏠쏠합니다. 이러한 시대적 취향을 보여주는 카테고리는 플레이모빌 히스토리HISTORY 라인에 고스란히 담겨 있습니다.

최초의 플레이모빌 세트는 건설 노동자, 중세 기사, 인디언의 세 가지 테마로 출시되었습니다. 이후 계속해서 다양한 직업과 특성을 나타내는 피규어들이 쏟아지기 시작했지요. 플레이모빌의 1차 대상이 보통 4세~12세 사이의 어린이라, 잘 알려지지 않은 역사적 시대의 장난감을 만드는 것은 큰 모험이었지만, 아이러니하게도 플레이모빌을 수집하는 어른이들에게는 큰 환영을 받았습니다.

1974년, 플레이모빌 세계관을 쉽게 구별하기 위해 내놓았던 최초의 제품별 박스 컬러 색상은 3가지로(건설노동자 파란색, 중세 기사 녹색, 인디언 빨간색) 구분되어 있었습

1974년에 출시된 초기 시리즈들

니다. 이후 연이어 출시된 경찰 시리즈, 1975년 미국 병사와 깃발이 그려진 제품과 동시에 서부영화에 주로 등장하는 총잡이 캐릭터들이 대거 합류하여 다양한 세계관과 스토리텔링의 시작을 알렸습니다.

1975년 출시된 플레이모빌 시리즈들

빈티지 대표 시리즈로 손꼽히는 플레이모빌 3450 성, 3550 해적선

그 외에도 시대적 느낌을 물씬 풍기는 일명 '빈티지'라 불리는 시리즈가 있습니다. 이미 단종되었지만, 많은 사람들이 기억하는 빅토리안 하우스, 해적선 시리즈, 성 시리즈 등이 그것인데요. 1975년부터 1989년 사이에 처음 출시된 이 제품들은 때에 따라 구성과 버전을 달리하며 지속적으로 선보이고 있습니다.

5300 빅토리안 하우스

재출시된 플레이모빌 70890 빅토리안 하우스, 70970 주방, 70971 침실, 70892 어린이 방

특히 빅토리안 하우스의 경우, 당시 인형의 집을 좋아하는 여자아이를 겨냥해 '핑크 레이블'이라는 박스 컬러로 출시가 되었습니다. 맨션이라 불리는 하우스 외에도 거실, 침실, 주방 등과 같은 패밀리 제품들을 한데 모을 수 있는 구성으로 많은 사랑을 받았습니다. 최근에는 이 빅토리안 하우스를 비롯해 단종된 지 20~30년이 지난 모델들이 다시 재발매되어 컬렉터들의 마음을 훔치고 있습니다.

★ 인물 취향
(모차르트, 바흐, 괴테, 실러, 마틴 루터, 고흐, 나폴레옹, 베토벤, 뒤러 등)

플레이모빌은 독일 및 유럽의 역사적 인물들을 해당 박물관 또는 지역 내 단체들과 협업하여 지속적으로 한정판 피규어를 내놓고 있습니다.

2015년, 뉘른베르크시에서 2017년에 500주년을 맞는 종교 개혁을 기념하여 플레이모빌과 함께 마틴 루터 피규어를 발매하였는데, 기존 플레이모빌 팬들 외에도 역사에 관심이 있는 다양한 사람들에게 큰 사랑을 받았습니다.

2020년경 출시된 모차르트 피규어의 경우, 플레이모빌은 오스트리아의 모차르테움 연구자들과 협력하여 모차르트의 초상화를 기반으로 가발부터 구두 버클까지 모든 세부 사항을 정확하게 구현해 냈습니다. 특히 패키지에 모차르트의 삶과 일, 그리고 모차르테움 재단에 관한 정보를 담은 소책자를 넣어 어린이와 어른 모두에게 문화와 예술적 감성을 한층 더 쌓게 해주었습니다.

플레이모빌의 기본 철학에는 폭력과 공포에 대한 접근이 없습니다. 그래서 플레이모빌은 어린이들에게 밝고 교육적이며, 온화한 긍정성을 전달합니다. 그중 실제 우리가 기억하는 시대와 인물들의 피규어는 이를 통해 역사를 배우는 아이와 어른 모두를 즐겁게 집중하게 만듭니다.

모차르트 피규어 패키지에 들어간 소책자

다양한 플레이모빌 인물 시리즈(한정판 포함)

★ 스포츠 취향

축구, 스키, 아이스하키, 스트리트 스포츠 등 플레이모빌에는 스포츠를 상징하는 패키지
제품이 많이 출시되는 편입니다. 종목들도 다양한데요. 초창기에는 겨울 스포츠를 중심
으로 한 윈터 패키지가 주를 이루었지만, 스포츠 & 액션 카테고리로 그 종목과 종류, 출
시 형식도 다양하게 발전해 왔습니다.

71120 축구경기장

5192 안마 위의 체조 선수

1974년 출시된 스키 시리즈

그중에서도 독일 사람들의 진심은 아무래도 축구에 있는 것 같습니다. "만약 축구가 없었다면 게르만족은 다시 전쟁에 눈을 돌릴지 모른다"는 말이 있는 것처럼요. 물론 과장된 표현이지만, 그만큼 독일인이 축구를 광적으로 사랑한다는 뜻이겠지요. 국가대표 축구 선수 피규어는 물론이고, 독일 내 여러 축구 클럽팀 소속 축구 선수들도 다양하게 출시된 걸 보면, 자신이 응원하는 팀의 피규어로 놀이하면서 행복해하는 독일 현지 플모인들이 상당히 부럽기만 합니다.

71121 독일 국가대표, 71124 프랑스 국가대표, 70157 축구선수, 70875 여자 축구선수, 70547 도르트문트 골키퍼

오리지널
카테고리

플레이모빌은 지난 50년간 다양한 카테고리들을 탄생시키고 지속해 왔습니다. 그중에서도 가장 많은 사랑을 받는 오리지널 카테고리들을 소개합니다. 대부분은 국내 시장에서도 만날 수 있는 제품들이지만, 나라별 선호 카테고리가 다르기 때문에 해외 시장에서만 만날 수 있는 제품들도 종종 볼 수 있습니다.

★ JUNIOR (1.2.3)

큼지막한 크기와 분리되지 않는 팔 등으로 아이들이 삼키지 않도록 디자인된 유·아동 제품군입니다. 1단계부터 3단계까지 아이 연령대에 따라 단계별 추천이 가능한 제품들로 구성되어 있습니다.

최초 출시 당시의 1.2.3 시리즈

1단계부터 3단계까지 선택이 가능한 1.2.3 플레이모빌 시리즈들

2024년 초, 플레이모빌은 1.2.3 시리즈를 JUNIOR로 전격 리브랜딩하였습니다. 단순히 이름만 바꾼 것이 아니라 최대 90% 이상 식물성 소재를 사용하고, 포장재도 지속 가능한 형태의 재활용이 가능한 소재를 적극 도입하였습니다. 환경을 가장 중요하게 생각하는 플레이모빌의 적극적 의지라 하겠습니다.

2024 독일 국제완구박람회(Spielwarenmesse, 슈필바렌메세)에서 선보인 주니어 시리즈

★ 시티 액션(City Action)

도시를 더욱 안전하게 만들려면 여러 전문가가 필요합니다.
정교한 기능을 가진 수많은 피규어가 있는 시티 액션 테마 세트
를 통해 흥미진진한 역할놀이를 경험할 수 있습니다.

경찰본부, 소방본부, 건설현장 등으로 구성된 시티 액션 제품들

거기 서! 범죄자를 쫓는 경찰관

★ 시티 라이프(City Life)

공원, 학교, 쇼핑센터, 주거 지역에는 매일 수많은 경험과 발견이 있습니다. 도시에서 친숙하게 만날 수 있는 장소에서 현대의 다양한 직업군을 피규어로 만날 수 있습니다. 다양한 공간에서 도시의 삶을 체험할 수 있는 카테고리입니다.

병원 및 응급 시리즈, 학교 시리즈 등으로 구성된 시티라이프 제품들

⭐ 패밀리 펀(Family Fun)

놀이가 펼쳐지는 곳이 늘 도시나 실내일 필요는 없습니다. 물이 있는 곳에서 해적선을 타고 항해를 하고, 캠핑장에서 아빠가 소시지를 굽는 동안 자전거를 타면서 놀 수도 있지요. 부모와 아기 등 가족 친화적인 제품군으로 일상부터 여행까지 가족 중심의 다양한 활동을 소개하는 카테고리입니다.

캠핑카, 아쿠아리움, 가족 캠핑 등 가족 중심으로 체험할 수 있는 다양한 구성의 제품들

★ 컨츄리(Country)

컨츄리 시리즈와 함께라면 결코 지루할 틈이 없습니다. 장거리 라이딩, 모험을 즐기는 토너먼트…. 수많은 개별 부품의 상세한 표현은 시골과 농장의 다양한 일상생활을 어린이 방으로 직접 가져옵니다. 마구간에서부터 카우보이, 목장 등 어린이들이 좋아하는 농장 동물과 농부들을 테마로 한 카테고리입니다.

농장 테마를 중심으로 구성된 컨츄리 시리즈 제품들

⭐ 프린세스(Princess)

플레이모빌이 만드는 낭만적인 동화나 멋진 전설, 왕실의 모험 등 중세, 현대, 판타지 배경을 접한다면, 소년·소녀들의 상상력이 풍부해질 것입니다. 다양한 디테일이 숨어있는 액세서리들은 상황에 따라 결합이 가능하지요. 아름답고 다채로운 스토리텔링 역할놀이가 가능한 카테고리입니다.

아름다운 공주들을 만날 수 있는
핑크 라벨 프린세스 시리즈 제품들

★ 돌 하우스(Dollhouse)

플레이모빌 돌 하우스 시리즈는 다양한 확장 파츠들이 있어 집의 층수나 외부 공간을 원하는 대로 쉽게 결합할 수 있습니다. 사랑스러운 피규어 및 액세서리가 가득한, 무한한 상상의 표현이 가능한 공간 중심 카테고리입니다.

주택, 성 등의 공간으로 구성된 인형 놀이용 제품인 돌 하우스 제품들

★ 히스토리(History)

고대 로마, 이집트 등 시대별 역사 여행을 떠납니다. 신기한 유물도 발견하고, 장엄한 무덤과 신비한 보물이 있는 피라미드에도 침입하는 등 흥미진진한 모험을 통해 시간 여행을 떠날 수 있는 카테고리입니다.

고대 로마, 이집트 등 역사성이 묻어나는 제품들

★ 해적(Pirates)

해적 시리즈는 흥미진진한 모험과 액션으로 가득합니다. 해적과 군인이 검과 대포를 들고 황금 보물을 위해 싸우고, 물속에 있는 바다 괴물을 만나는 등 상상력을 극대화한 해적 체험을 테마로 한 제품군입니다.

상상력을 자극하는 해적 체험을 테마로한 제품들

★ 기사 & 노벨모어(Knights & Novelmore)

성을 지키고, 용과 팀을 이루고, 자신의 목적을 위해 마법을 사용
하며, 끊임없이 스스로를 통제하고 단련하는 중세 및 판타지 배경
의 기사를 중심으로 한 제품군입니다. 기사마다 독창적이고 디테일이 살아 있는 피규어
디자인이 매력이랍니다.

중세시대 및 판타지 배경을 중심으로한 나이츠 제품들

★ 스포츠 & 액션(Sport & Action)

빠른 원격 조종 자동차, 높이 날아다니는 글라이더, 축구장이나 농구장 등 스포츠 필드에서 벌어지는 흥미진진한 토너먼트 등. 액션으로 가득 찬 스포츠 & 액션 시리즈는 역할놀이를 통해 정정당당한 스포츠맨십을 알려줍니다.

다양한 종목의 스포츠를 중심으로한 제품들

★ 윌토피아(Wiltopia)

아마존 열대 우림에 사는 동물들과 식물들에 대한 소개와 함께 지속 가능한 미래를 위해 자연을 어떻게 보호할 수 있는지 체험이 가능한 카테고리입니다.

다양한 동식물들을 중심으로 구성된 윌토피아 테마 제품들

★ 플레이모-프렌즈(Playmo-Friends)

자신만의 이야기를 쓰고, 작은 모험을 경험하고, 상상을 마음껏 펼칠 수 있는 모든 카테고리 테마를 보완하는 피규어들입니다. 시티라이프의 일상생활, 시티 액션의 모험, 노벨모어의 기사, 해적선의 해적 또는 공주 및 왕자의 친구 등 귀여운 피규어들을 통해 확장된 테마와 스토리텔링을 경험할 수 있습니다.

플레이모빌 프렌즈의 다양한 테마별 구성들

★ 기프트 세트(Gift Set)

플레이모빌 기프트 세트는 이름이나 간단한 메모를 적을 수 있는 공간이 있는 패키지를 가지고 있습니다. 생일 선물, 기념일 선물 등 특별한 날 선물하기 좋은 형태입니다.

플레이모빌 기프트 세트(각 카테고리별 출시)

⭐ 캐리 케이스(Carry Case)

보관과 이동이 편리하게 구성된 세트입니다. 놀이가 끝나면 다음 놀이를 위해 부품을 모아 보관할 수 있는 휴대용 가방 형태의 케이스가 특징이지요.

플레이모빌 캐리 케이스(70528 건설현장)

⭐ 듀오 팩(Duo Packs)

하나의 패키지 안에 두 가지 피규어를 만날 수 있는 즐거움이 있습니다. 놀이를 시작한 테마에 캐릭터가 부족한 경우, 듀오 팩을 추가한다면 액세서리가 포함된 두 개의 피규어를 통해 더 다양한 역할놀이의 재미와 사건을 만들어 볼 수 있습니다.

플레이모빌 듀오 팩(각 카테고리별 출시)

⭐ 스타터 팩 (Starter-Pack)

플레이모빌을 처음 시작하는 사람들을 위한 첫걸음! 복잡하지 않은 간결한 구성으로 역할놀이를 위한 이상적인 플레이모빌 입문용 상품입니다.

플레이모빌 스타터 팩(각 카테고리별 출시)

⭐ 스페셜 플러스 (Special Plus)

기본 피규어에 해당 테마를 더욱 더 잘 표현하기 위한 액세서리가 추가로 들어있는 확장형 구성으로 최소한의 역할놀이 장면을 연출하기 적절합니다.

플레이모빌 스페셜 플러스(각 카테고리별 출시)

★ 미스터리 피규어 (Mystery Figure)

2000년 이후 시리즈별로 출시된 미스터리 피규어 팩은 2024년 현재 1~26시리즈(국내에선 25시리즈)까지 출시되었습니다. 각 시리즈별 남녀 12명씩으로 구성되어 있는데, 역사적 인물, 기사나 해적, 오늘날의 현대인들, 수의사나 경찰관, 미래 세계의 비밀 요원 등 모든 종류의 캐릭터를 상상력과 창의적으로 디자인하고 있습니다. 매 시리즈별 가장 많은 사랑을 받는 플레이모빌의 대표적인 피규어 상품입니다.

플레이모빌 미스터리 피규어 팩의 패키지와 구성 (시리즈별 남녀 시리즈 출시)

공식 라이선스 (Licence) 카테고리

플레이모빌과 처음 공식 라이선스 제품을 출시한 브랜드는 어디일까요? 바로 2015년 부터 함께 해온 포르쉐 자동차 브랜드입니다. 해마다 정교한 디자인의 신제품들이 출시되고 있는데, 어느새 포르쉐 자동차를 사랑하는 기존 컬렉터들에게도 매우 큰 환영을 받고 있습니다.

MINI trademarks used are licensed by BMW AG.

"Mercedes-Benz", the three-pointed star in a ring, and the design of the enclosed are the intellectual property of Mercedes-Benz Group AG, They are used by geobra Brandstätter Stiftung & Co. KG under license,

Hergestellt mit Zustimmung der Dr. Ing. h.c. F. Porsche AG

플레이모빌이 가진 차별점이라면, 자동차의 지붕을 열어 플레이모빌 피규어를 앉혀 볼 수 있고, 심지어 무선 조종 및 해당 자동차의 특성에 맞는 개별 동작까지 가능한 점이 큰 매력이라 할 수 있는데요. 포르쉐 외에도 메르세데스 벤츠, 폭스바겐, 미니, 페라리, 시트로엥, 애스턴 마틴 등 다양한 라이선스 자동차들이 매년 출시되고 있습니다.

폭스바겐

자동차 장난감 이외에도 영화 또는 애니메이션의 저작권을 가지고 있는 Sony, Warner Bros., Universal^{이전 Dreamworks} 및 ViacomCBS 등과 함께 추가 라이선스 영역에 대한 파트너십을 확보해 나갔는데, 대표적으로 백투더퓨처, 고스트버스터즈, 아스테릭스, 스타트렉, 스쿠비두, 나루토, A-TEAM, 나이트라이더, 007 시리즈, 디즈니 등 이미 잘 알려진 콘텐츠를 플레이모빌로 재구성함으로써 영화와 애니메이션 팬들에게도 선택의 다양성을 부여하고 있습니다.

The A-Team ™ & © 20th Century Studios

Ghostbusters™ &
© 2024 Columbia Pictures Industries, Inc.
All Rights Reserved.

© Universal City Studios LLC. All Rights Reserved.

© Universal City Studios LLC and Amblin Entertainment, Inc.
All Rights Reserved.

GOLDFINGER, 007
and related James Bond Indicia
©1962-2023 Danjaq and MGM. GOLDFINGER, 007
and related James Bond Trademarks are trademarks of
Danjaq. All Rights Reserved.
"Aston Martin" and the Aston Martin "wings" logo are trade
marks of Aston Martin Lagonda Limited.

©2002 MASASHI KISHIMOTO / 2007 SHIPPUDEN All Rights Reserved

© Disney

TM & © 2023 CBS Studios Inc. Star Trek and related
marks and logos are trademarks of CBS Studio Inc. All Rights Reserved.

ASTERIX® OBELIX® IDEFIX® ® 2024
LES EDITIONS ALBERT RENE / GOSCINNY-UDERZO

SCOOBY-DOO and all related characters and elements © & ™
Hanna-Barbera. WB SHIELD: TM & © WBEI. (s23)

공식 라이선스 제품들

플레이모빌 처음이라면 추천해요!

플레이모빌의 문을 처음 연 초보 플모인이라면 다양한 종류와 수많은 상품군에 사실 어떤 것을 골라야 할지 막막해지곤 합니다. 물론 사고 싶은 제품이 명확하다면 고민을 오래 할 이유가 없겠지만, 처음 접하는 분들은 단순히 피규어만 만지작거리다 놓는 경우가 일쑤입니다.

플레이모빌 기프트 세트 - 메시지 작성이 가능한 패키지

플레이모빌을 처음 접할 때 구매하면 좋은 제품을 한 가지 골라 드린다면, 기프트 세트 gift set를 추천해 드리고 싶습니다. 매년 5종 내외로 출시되는, 다양한 카테고리의 맛보기 버전이라고 할 수 있는데요. 플레이모빌을 시작하는 아이들에게 추천하는 스타터팩 starter pack 버전이 있긴 하지만, 기프트 세트는 그보다 피규어에 좀 더 집중하여 그 테마와 분위기를 만들어주기 때문에 제품 성격상 약간의 차이가 있습니다.

특히 이 기프트 세트는 패키지 자체가 선물용으로도 적합하도록 라벨링 된 부분이 있어서 이름이나 간단한 메시지를 직접 적어 선물할 수 있습니다. 선물을 위해 이중 삼중으로 포장하지 않아도 되어 환경에 유익한 점이 특징이라 할 수 있습니다. 실용적이기도 하고요.

한 가지 더 추천하자면 캐리 케이스나 테이크 어롱 시리즈도 강추입니다. 아이들이 보통 집에서 놀던 장난감에 애착이 생기면, 어디를 가든 가지고 다니려는 경향이 있습니다. 놀던 장난감을 그대로 케이스에 담아 필요시 언제든 이동이 가능하다는 점은 매우 효율적입니다.

플레이모빌 캐리 케이스와 테이크 어롱 돌하우스 패키지

catalog

역대 플레이모빌
카탈로그 커버 갤러리

catalog
1976

catalog
1977

catalog
1978

catalog

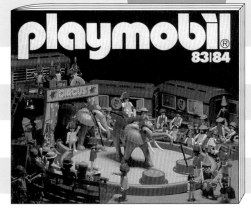

✦ catalog

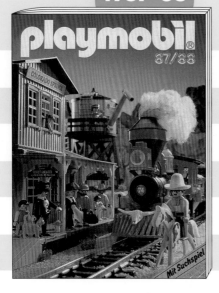

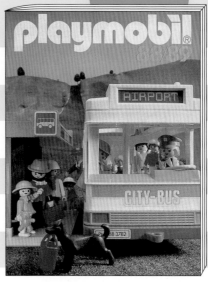

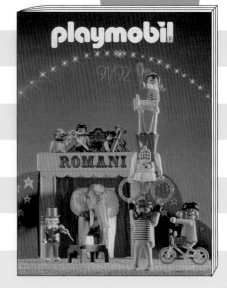

catalog
1992~93

catalog
1993

catalog
1994

catalog
1994~95

catalog

catalog

catalog
2000

catalog
2001

catalog
2002~03

catalog
2003~04

catalog
2004

catalog
2005

catalog
2006

catalog
2007

✦ catalog

catalog
2008

catalog
2009

catalog
2010~11

catalog
2011~12

catalog
2012

catalog
2013~14

catalog
2015~16

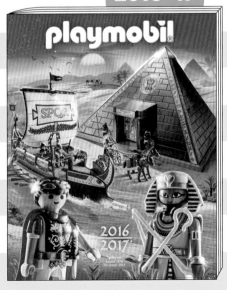

catalog
2016~17

catalog

catalog
2021

catalog
2022

catalog
2023

catalog
2024

do you like

Reference
Room

플레이모빌
챕터 2

PLAYMOBIL
chapter

2

01

숫자로 보는
플레이모빌

2024년, 플레이모빌은 50주년을 맞이해 다양한 수치들을 발표했습니다. 자료에 따르면 아이들의 손에 딱 맞게 설계된 7.5cm 크기의 클래식 플레이모빌 피규어는 지금까지 약 38억 개가 생산되었습니다. 생산된 피규어들끼리 손을 잡으면 지구 둘레를 이미 4.5바퀴나 돌 수 있다고 하네요.

9,300개

지금까지 플레이모빌에서
약 50년간 생산한 피규어의 종류

1974년

플레이모빌이 탄생한 년도

7.5cm

어린이 손에 쏙 들어가는
플레이모빌 피규어의 크기

- 어른: 7.5cm
- 어린이: 5.5cm
- 아기: 3.5cm

50년 전 플레이모빌 개발자 한스 벡은 피규어 디자인 원칙에 있어 이렇게 말했습니다.

"공포도, 폭력도 없으며 단기적인 트렌드를 쫓지 않는다."

플레이모빌은 피규어가 착용하는 액세서리에 따라 손에 검을 쥐면 기사가, 펜을 쥐면 작가가 되는 사람을 중심으로 생각한 장난감입니다.

80% 윌토피아 시리즈를 구성하는 평균 80% 이상의 소재는 CO_2 발자국을 줄이는 지속 가능한 재활용 재료를 활용해 생산

90% 플레이모빌 1.2.3이 플레이모빌 주니어JUNIOR로 새롭게 변경되면서 유아용 라인에 사용된 원자재 중 90% 이상을 식물 기반 바이오 소재를 활용해 생산

100% 모든 배송 포장 및 판매 포장 및 개별 패키지, 조립 설명서 등은 100% 재활용 종이로 제작

02 플레이모빌의
얼굴

플레이모빌의 표정들은 하나같이 평화롭고 따뜻합니다. 특히 아이들 표정에서 느껴지는 작고 동그란 눈과 둥글둥글한 입의 형태는 천진난만한 모습 그대로입니다. 저 역시 플레이모빌이 지긋이 보내주는 위로와도 같은 표정에 빠져들어 특정 캐릭터의 이름이나 어린 시절 유행하는 슈퍼 히어로가 아님에도 불구하고 그 담백한 매력에 하나둘 사모으기 시작했던 것 같습니다.

플레이모빌의 이 해맑은 얼굴은 플라스틱 위에 프린팅한 것이 아니라, 이중 사출 방식으로 제작됩니다. 눈과 입 모양의 공간에 또 다른 플라스틱이 흘러 들어가 만들어낸 형태로서 매우 정교하지요. 덕분에 다른 부위는 몰라도 얼굴의 기본인 눈과 입은 절대 지워지거나 벗겨지는 일이 없습니다.

이런 플레이모빌의 얼굴을 가만히 보고 있으면, 레츄자Lechuza에서 만든 오조 화분이 생각납니다. 뒤에 다시 설명하겠지만, 꽃을 담는 그릇이라는 기존의 기능에, 플레이모빌의 가장 큰 매력인 얼굴을 디자인으로 입힌 오조 화분은 어쩌면 플레이모빌이 가진 얼굴의 상징성을 가장 잘 나타낸 제품이 아닐까 생각합니다.

플레이모빌은 아이뿐만 아니라 어른에게도 사랑받는 감성 토이로, 한결같이 웃고 있는 모습이 매력적입니다. 그래서 저는 가지고 다니면 좋을 만한 아이템으로 플레이모빌 키링을 제작해 주변 분들에게 자주 선물하고 있습니다. 주는 사람도 받는 사람도 모두 행복해지는 플레이모빌을 통해 행복이 마구 전파되었으면 좋겠습니다.

플레이모빌 3130(기사),
3120(인디언),
3201(건설노동자),
1974년에 출시된 초기 패키지

03 플레이모빌
콘텐츠로 접하기

플레이모빌 카테고리를 살펴보면 정말 다양한 세계관이 꼼꼼하게 배치되어 있는 것을 알 수 있습니다. 플레이모빌에서는 각 세계관을 단단하게 구축하기 위해 TV쇼나 영화 개봉작이 아니더라도 이를 애니메이션 시리즈로 제작해 무료로 배포하고 있는데요. 그 중에서도 현재 구매가 가능한 제품 중심으로, 언제든 무료 접근 가능한 콘텐츠를 공유 하고자 합니다.

플레이모빌
독일 유튜브

플레이모빌
영어권 유튜브

"Dino Rise - The Legend of Dino Rock"디노락의 전설, "Novelmore - Season 1, 2"노벨모어, "Adventures of Ayuma"아유마의 모험, "Everdreamerz"에버드리머스, "Duck on Call"덕온콜 등 다양한 시리즈를 볼 수 있습니다.

여러분, 혹시 플레이모빌도 영화가 있었다는 사실을 아시나요?

바로 2019년 가을에 우리나라에서 도 개봉된 애니메이션 영화 〈플레 이모빌: 더 무비〉입니다.

어느 날, 진짜 장난감 세계에 빠지 게 된 남매 주인공 말라와 찰리에 게 이상한 나라의 앨리스보다 더 판 타스틱한 어드벤처가 펼쳐지게 됩 니다. 겨울왕국 제작진의 작품 답게

극장판 애니메이션 영화 포스터

화려한 플레이모빌 캐릭터와 배경, 그리고 모두를 흥분하게 만든 미래 자동차의 등장까지 너무 근사했던 영화였습니다.

게다가 영화 속 장면 장면을 묘사하는 제품들, 트럭, 말, 전투 장면, 미스터리 피규어까지 출시되어 전 세계 플레이모빌 팬들을 더욱 설레게 했습니다. 궁금하신 분들은 VOD 서비스가 제공되고 있으니 찾아보셔도 좋을 거 같아요.

영화와 함께 출시된 <플레이모빌 더 무비> 제품들

다음으로 소개할 슈퍼 4Super 4는 플레이모빌 최초의 텔레비전 애니메이션 시리즈입니다. 2014년 플레이모빌 탄생 40주년을 기념하는 작품으로, 킹스랜드, 마법의 섬, 테크노폴리스, 화약 섬 출신 4명의 주인공이 각종 재난과 다양한 적들로부터 세계를 보호하는 이야기입니다.

마지막으로 아유마의 모험Adventures of Ayuma은 위협받는 마법 세계에서, 그들의 세계를 지키기 위해 싸우는 용기 있는 요정들의 이야기입니다. 요정 아카데미의 엘비, 조시, 리비를 주인공으로 한 다양한 에피소드가 유튜브에 올라와 있습니다.

애니메이션 시리즈 Super 4 주인공

애니메이션 시리즈 아유마의 모험 공식 이미지

04 플레이모빌 x 컬래버레이션 브랜드

다양한 브랜드들이 유명 작가나 타 브랜드와 컬래버레이션을 통해 차별화된 제품을 만들어내면서 기존 브랜드에 활기를 불어넣고 소비자들의 소장 욕구를 자극하듯이, 플레이모빌도 이미 해외에서는 Milka^{초콜릿 브랜드}, Brava^{의류 브랜드}, Zara^{의류 브랜드} 등과 함께한 결과물들이 주목을 받았습니다. 국내에서도 2020년 스타벅스를 시작으로 대한항공, 이마트, LG전자, 롯데 칠성 등과 함께 다양한 제품들을 소개하고 있습니다.

★ Funko x Playmobil

2016~2017년 사이 미국 팝 컬처 회사 중 가장 많은 라이선싱을 체결한 펀코에서 펀코만의 캐릭터 스타일과 플레이모빌의 스타일이 오묘하게 조합된, 각종 영화, 애니메이션, 게임 및 드라마 캐릭터들을 *SD캐릭터 사이즈로 출시하였습니다.

*SD(Super-Deformation) : 피규어 제작 시 스케일을 일컫는 말로 머리가 큰 형태에 몸이 작은 피규어를 주로 SD 피규어라고 부르고 있습니다.

미국 팝 컬처 브랜드 펀코 X 플레이모빌 출시 제품들

★ Milka x Playmobil

독일의 100년 이상 된 초콜릿 과자 대표 브랜드 밀카는 자국의 대표 장난감 브랜드 플레이모빌과 2019~2020년경 컬래버를 통해 달콤한 초콜릿 디저트와 피규어를 동시에 구매할 수 있도록 출시하였습니다. 당시 초콜릿 3개 구입 시 플레이모빌 피규어 1개를 무료로 제공했는데, 이 캠페인은 부활절 마케팅 캠페인의 일환이었다고 합니다. 밀카 플레이모빌 피규어의 특징은 누가봐도 고급스러운 보라색 컬러입니다. 초콜릿 패키지와 일체감이 있는 디자인으로 발매한 한정판의 반응은 무척이나 뜨거웠다고 합니다.

초콜렛 과자 브랜드 밀카 X 플레이모빌 출시 제품들

초콜렛 과자 브랜드 밀카 X 플레이모빌 출시 제품들

⭐ BRAVA x Playmobil

스페인의 대표적인 의류 브랜드 브라바는 지구를 위해 지속 가능한 섬유만을 사용하는 친환경 의류 브랜드입니다. 특히 다양한 클래식 브랜드플레이모빌, 드래곤볼, 스누피, 윌리 등와 공식 컬래버를 통해 현대적인 아름다움을 추구하는 동시에 생동감이 있는 패턴을 활용해 컬러풀한 의상을 출시하고 있습니다.

스페인 의류 브랜드 브라바 X 플레이모빌 출시 제품들

⭐ ZARA x Playmobil

2021년 글로벌 SPA 패션 브랜드 자라는 공식적으로 플레이모빌과 컬래버를 통해 의류 뿐만 아니라 자라 에디션 플레이모빌 2종도 출시한다고 발표하였습니다. 이미 다른 브 랜드들이 다양한 컬래버레이션에 열광할 때 자라에서는 최근 몇 년까지도 신중하게 그 대상들을 살펴보는 듯했는데요. 이번 플레이모빌과의 공식 컬래버에서는 플레이모빌 이미지가 포함된 총 9종의 의상을 선보였으며, 의상 구매 시 플레이모빌 피규어를 증정 하는 이벤트가 진행되었습니다.

글로벌 SPA 패션 브랜드 자라 X 플레이모빌 출시 제품들

★ Starbucks x Playmobil

대한민국에서 굿즈 마케팅으로 가장 브랜드 파워가 센 곳은 스타벅스일지도 모르겠습니다. 스타벅스에 대한 한국인들의 애정과 팬덤이 얼마나 대단한지는 국내 매장 수만 봐도 알 수 있습니다. 컬래버레이션이 점점 대세로 자리 잡아 가면서, 국내에서 가장 선호도가 높은 카페의 고객들에게 플레이모빌의 한정판 출시는 그야말로 엄청난 이슈였습니다. 특히 아무도 예상하지 못했던 컬래버레이션에 따른 사전 영상 마케팅 문구는 많은 이들을 매우 설레게 했던 걸로 기억합니다. "단지 고객이 아닌 오랜 시간 스타벅스 그 자체가 되어준 세상 모든 스타벅스 친구들에게"라는 따뜻하고도 친근한 문구로 시기별 총 8종의 에디션플레이모빌 피규어 7종, 퍼니처 세트 1종, 그리고 스티커 및 선불카드, 키링 등으로 나누어 진행되었습니다. 피규어들의 디자인은 스타벅스 매장 내 직원과 매장을 찾는 고객의 모습을 형상화하였습니다.

스타벅스 X 플레이모빌 출시 제품들

★ 대한항공 x Playmobil

2022년 대한항공은 플레이모빌과 협업한 승무원, 조종사, 정비사 피규어 3종이 출시된다고 알렸습니다. 이번 컬래버레이션은 실제 대한항공 구성원들의 대표 모습을 그대로 본떠 만든 것이 특징으로, 실제 유니폼, 장신구 등 외형뿐 아니라 기내 카트, 무전기, 정비 공구 등 직원들이 사용하는 다양한 장비들도 실제와 흡사하게 만들어 소개한 점이 인상적입니다.

대한항공 X 플레이모빌 출시 제품들

★ LG전자 x Playmobil

글로벌 기업 LG전자에서도 플레이모빌과 컬래버레이션을 가졌습니다. 미래 고객에게 특별한 고객 경험을 제시하며 브랜드 호감도를 높이기 위해서 '세상에서 제일 귀여운 가전'을 콘셉트로 플레이모빌 피규어를 제작했습니다. 총 3명의 캐릭터로 구성된 시리즈는 보다 구체적인 캐릭터 콘셉트도 잡았는데요. JJ는 LG전자가 인정한 패셔니스타이자 인테리어 디자이너, NORA는 핫한 요리 인플루언서, HENRY는 LG전자의 마스코트로 가전제품 배달 기사 모습으로 탄생하였습니다.

LG전자 X 플레이모빌 출시 제품들

⭐ 이마트 x Playmobil

이마트에서는 2022년부터 꾸준히 컬래버레이션을 통해 판매용 제품들을 만들어내고
있습니다. 최초 남녀 웨딩 커플을 시작으로 아름다운 신랑·신부의 모습을 플레이모빌로
출시했었고, 23년도에는 이마트 30주년을 기념해 일상에서 온 가족이 쇼핑을 위해
이마트를 찾아준 모습을 기억할 수 있도록, 실제 에
코백, 종이봉투, 카트 등의 디테일과 일치하게 작업
하여 조금 더 볼륨이 큰 플레이 세트로 출시하였는
데요. 이마트 전지점 및 온라인에서도 동시에 판
매하면서 플레이모빌 마니아들에게 큰 관심과
사랑을 받았습니다.

이마트 X 플레이모빌 출시 제품들

★ 롯데 칠성 x Playmobil

2023년은 매우 활발한 컬래버레이션 결과물들이 많이 등장했던 해였습니다. 특히 롯데 칠성과 함께한 '피규어와 함께 일상을 캠핑으로'라는 슬로건 아래 크라우드 펀딩 플랫폼 '와디즈'에서 진행했던 사전 발매 이벤트는 5시간 만에 완판을 기록했으며, 도심속 피규어 캠핑장인 '칠앤플레이 랜드CHIL&PLAY LAND' 팝업스토어를 통해 관람객들이 피규어 세상에 온 듯한 분위기를 즐길 수 있는 오프라인 이벤트도 진행하였습니다.

또한 롯데 토이저러스와의 협업을 통해 플레이모빌 미스터리 피규어 시리즈 24가 랜덤

으로 들어있는 딸기 와플 과자를 출시했습니다. 아이들은 물론 장난감을 좋아하는 키덜트들에게 피규어를 뽑는 재미까지 주었던 제품이었습니다.

롯데 칠성 팝업스토어 포스터

롯데 칠성 X 플레이모빌 출시 제품

★ PUMA x Playmobil

2024년 플레이모빌 50주년에 맞춰 스포츠 브랜드 PUMA푸마와 함께 Play Forever 컬렉션 박스를 출시했습니다.

기존 푸마의 제품 모델 중 RS100에 초점을 맞춰 특유의 핑크색 헤어와 친근한 미소가 돋보이는 플레이모빌 얼굴을 중심으로 슈즈와 힐을 출시했습니다. 특히 200개 한정판으로 출시된 컬렉션 박스의 하이라이트는 아티스트 Leblon Delienne이 만든 황금색 신발을 신고 있는 흰색의 플레이모빌 피규어입니다. 가슴에는 PUMA 로고가 장식되어 있습니다. 커다란 프린트와 브랜드 레터링이 돋보이는 플레이모빌 블루 색상의 후드 티도 마음을 사로잡습니다.

Puma와 Playmobil의 협업 + 아티스트 Leblon Delienne의 Puma x Playmobil 수집용 피규어

★ McDonald's x Playmobil

맥도날드는 어린이용 메뉴가 별도로 있는데, 이를 해피밀Happy Meal이라 부릅니다. 보통 해피밀을 사면 언제나 아이들을 위한 작은 장난감이 따라오곤 합니다. 이번에 맥도날드와 플레이모빌은 윌토피아Wiltopia시리즈의 14개 동물 피규어들로 독일을 비롯 전세계 70여 국가에서 동시에 이벤트를 진행했습니다. 윌토피아 플레이모빌은 최소 95% 이상의 소재를 바이오 플라스틱으로 구성된 식물 기반 재료로 만드는 착한 장난감입니다. 윌토피아 제품으로 동물과 생태계에 대한 지식과 재미를 전했던 진짜 해피한 이벤트라고 생각합니다.

McDonald's x Playmobil 해피밀 홍보 자료

★ IQBOX x Playmobil
2024년에 출시한 한국판 플레이모빌 세종대왕 피규어!

플레이모빌을 다루다 보면 자연스럽게 드는 생각이 전부터 있었습니다. 일본 사람이나 중국 사람으로 보이는 아시아인의 모습은 보이는데, 왜 한국 사람처럼 느껴지는 피규어는 없을까? 또는 역사적인 사실이나 기억을 세레모니하길 좋아하는 플레이모빌에서 아시아의 위인들을 콘텐츠 캐릭터처럼 개발해 주면 좋을 텐데 말이죠.

드디어 그 꿈이 2024년 50주년에 맞춰 이루어졌습니다. 한국을 위한 첫 피규어로 세종대왕1397~1450이 탄생한 것이죠. 심지어 패키지에 한글로 플레이모빌이라고 또박또박 쓰여 있습니다. 한국인이 가장 사랑하고 존경하는 인물! 훈민정음 창제라는 위대한 업적을 기리는 인물! 바로 그러한 위인을 플레이모빌 피규어로 만나게 되어 기쁘고 자랑스러울 따름입니다.

플레이모빌이 가진 훌륭한 장점 중 하나는 이 브랜드를 좋아하는 사람들을 매번 설레게 한다는 점입니다. 매년 수많은 예쁘고, 아름답고, 멋지고, 근사한 라인업들이 출시되어 어떤 수식어보다 더한 감동과 즐거움, 행복을 주고 있습니다만, 중간중간 이런 특별한 피규어들이 등장하는 순간들로 인해 우리는 오늘도 플레이모빌과 함께 두근거리며 기대에 가득 찬 하루를 살아가는 게 아닐까 싶습니다.

이다음은 또 어떤 인물이 한국판 플레이모빌의 주인공이 될지 기대해 봅니다.

71550 | 4-99

2023 캐릭터 페어에서 백곰삼촌

플레이모빌 세종대왕 구성품

얼굴 모양의 기능성 화분,
'레츄자 오조'

플레이모빌을 판매하는 브란트스테터 그룹은 2000년부터 새로운 사업 분야에 진출하기 시작했습니다. 자체 급수 시스템을 갖춘 고품질 화분과 정원용 가구 등을 만드는 자회사로 이름은 레츄자LECHUZA이며, 스페인어로 올빼미란 뜻입니다.

레츄자 화분은 한마디로 *저면관수식 기능성 화분으로, 하단에 물을 보관하고 식물이 이후 필요한 만큼 물을 가져다 쓰는 방식으로, 매우 효율적으로 식물을 관리할 수 있는 형태입니다.

그중 플레이모빌의 대표적인 얼굴 모양의 화분, 레츄자 오조는 플레이모빌을 사랑하는 사람들의 취향을 만족시키기에 충분합니다. 오조 화분의 크고 동그란 대화형 눈이 파란색이면 물통에 물이 가득 찼다는 의미입니다. 점차 갈색 눈이 되면 물을 채워 넣어야 합니다. 아이들이 직관적으로 쉽게 식물을 키우고 돌보는 방법을 배울 수 있는 유익한 상품이기도 하지요.

*저면관수: 화분보다 큰 용기에 화분을 담고, 화분 바깥의 용기에 물을 부어 뿌리부터 물을 흡수하도록 하는 방식

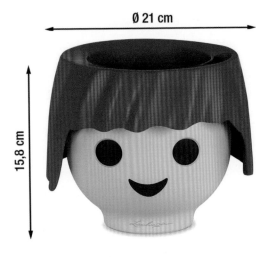

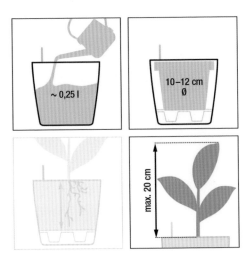

레츄자 오조 화분은 플레이모빌 피규어의 상징적인 머리와 유사하게 만들어진 모습으로, 플레이모빌을 사랑하는 이들에게 더할 나위 없이 재미있고 독특한 감동을 선사합니다. 총 6가지 헤어 컬러를 가지고 있는데, 이 화분들은 그 자체만으로 하나의 오브제처럼, 인테리어용으로 많은 사랑을 받고 있습니다.

화분 외 정원용 가구, 리빙용품 등 다양한 분야에 진출하고 있는 레츄자는 독일 뉘른베르크 인근 프랑코니아Franconia 의 디텐호펜Dietenhofen에서 생산되고 있으며, 전 세계 70개국 이상으로 수출되고 있습니다.

물의 양을 확인할 수 있는 대화형 눈

06 아트토이라 부르는 XXL 피규어

독일 플레이모빌 본사가 직접 운영하는 유럽 공장에서 단독 생산하는 XXL 제품은 기존 플레이모빌 피규어 사이즈(7.5cm)보다 약 8배 정도 큰 65cm의 크기로 어떤 공간이든 눈에 잘 띄는 존재감을 자랑합니다. 특히 아이들에겐 시선을 사로잡는 아주 큰 사이즈로 진짜 살아있는 친구처럼 상상력을 자극해 창의력을 길러줄 수 있고, 어른들에겐 언제 어디서든 나를 향해 웃어주는 얼굴을 크게 만날 수 있는 아이템이기도 합니다.

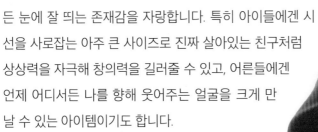

다양한 플레이모빌 XXL 시리즈들

때로는 인테리어 요소로서도 주목받기도 하는데, 어느 공간이든 귀여운 포인트 아이템으로 해당 공간의 마스코트 역할을 하기도 합니다. 게다가 전 세계적으로 다양한 커스텀을 즐기는 마니아층에서는 자신만의 브랜드, 예술적인 표현을 통해 기성품과는 또 다른 라이프스타일 토이로서 장난감 이상의 감성을 담아낼 수 있는 아트의 단계로서 작가와 그 작품을 인정해 주는 볼륨도 존재하고 있기 때문에, 플레이모빌이 가지고 있는 가능성의 스펙트럼이 넓고 깊다고 할 수 있습니다.

백곰삼촌이 운영하는 플레이모빌 공방 내 XXL 피규어들

플레이모빌
놀이 시스템

플레이모빌은 단순한 장난감이 아닙니다. 우리 사회의 역사와 현재, 미래, 상상력의 세계까지 다루고 있는데요. 플레이모빌은 아이들로 하여금 그들의 소망 자체에 초점을 맞추고 있습니다. 아이들과 함께 놀면서 성장하고 변화하는 모든 세대가 세상을 이해하고, 구조화하는 데 필요한 경험의 제공, 다시 말해 놀이의 체험을 통해 학습과 소통의 기회를 제공하고 있는데요. 플레이모빌 브랜드의 핵심을 한마디로 정의하자면 상상력이라 할 수 있습니다. 한 걸음 더 나아가자면 긍정적인 상상력입니다.

그래서 플레이모빌의 놀이는 상상과 현실이 매우 가까이 있습니다. 아래 캠핑 트럭을 보면 차량 자체가 가진 캠핑카로서 움직임도 가능한 동시에 피규어로는 자연스럽게 가족들과 현실 속에서 캠핑을 즐기는 느낌을 담아낼 수 있습니다.
일상을 다루는 시리즈의 플레이모빌이라도 판타지가 있는 피규어라던가, 서로 다른 버전의 시리즈를 함께 섞어 즐기는 경우 현실 놀이를 벗어난 새로운 스토리텔링으로 나아

9502 픽업트럭과 캠핑

갈 수도 있습니다. 그 가능성은 어마어마합니다.

플레이모빌은 가지고 노는 방법에 대한 매뉴얼이 없는 브랜드로 유명합니다. 놀이에는
정답이 없다는 철학 때문인데요. 스스로 이야기를 만들고 놀이 방법을 만드는 것은 아
이들의 상상력과 창의력 향상은 물론, 역할놀이를 통한 교육적 효과까지 높일 수 있습
니다. '세상을 담은 장난감'이라는 말처럼 다양한 테마를 담은 것이 특징입니다.

월토피아 시리즈로 놀이를 즐겨요

08 플라스틱 장난감 플레이모빌, 과연 안전한가요?

플레이모빌 피규어에 사용되고 있는 소재는 단연 세계 최고의 플라스틱 소재입니다. 국내 안전 인증으로는 KC가 있지만, 유럽에서는 'EN71'이라는 인증을 통해 아동용 제품을 다양하게 테스트하여 합격한 제품만 판매가 가능합니다.

플레이모빌은 아이가 입으로 물고 빨아도 걱정 없는 안전한 장난감입니다. 유독성 물질을 전혀 포함하고 있지 않으며, 제품의 표면은 타액에 내성을 가지고 있습니다. 게다가 아이들의 안전을 고려하여 날카로운 모서리가 없습니다.

게다가 플레이모빌은 ABS 합성수지로 만들어져 절단했을 때 색의 차이가 없고, 절단면이 두드러지지 않는 특성이 있습니다. 또한 이중사출 방식을 사용하여 칠이 잘 벗겨지지 않는 튼튼한 플레이모빌로 완성됩니다.

플레이모빌 피규어의 손은 POM이라는 재료가 사용되어 수백 차례 손에 액세서리를 쥐어도 그 형태가 바뀌거나 뒤틀리지 않도록 제작되었습니다. 피규어의 손을 벌려 놓으려고 해도 다시 원래의 상태로 복귀가 됩니다.

최근 들어 플레이모빌은 점차 환경에 중심을 두기 시작합니다. 카테고리별 생산 제품들의 원료가 되는 플라스틱 소재를 재활용이 가능한 버려진 제품들로부터 다시 수집하여 오래된 것에서 새것으로 다시 만드는 것입니다.

안전성	상상력	재료	제조 가공	안전인증
타액에 대한 내성 유독성 물질 배제	중립적 표정의 피규어 역할놀이 가능	합성수지(ABS) 탄성이 강한 POM소재	둥근 모서리 처리 일상생활에서의 색상 추출	안전확인 신고 확인증 안전도 국제 규격 EN71

아이큐박스에서 소개하는 플레이모빌 제품의 안전성

지속 가능한 미래를 만드는 것은 끊임없는 관심과 노력, 투자가 없다면 사실 쉬운 일이 아닙니다. 그럼에도 불구하고 플레이모빌 제품들은 그들에게 적용되는 국제적인 안전 기준을 이미 충족함과 동시에 친환경적 제조 시설에서 지속 가능한 플레이모빌 제품들을 생산하고 있습니다.

모든 장난감은 제품의 생산부터 단계별 과정을 거쳐 판매 이후 소비자에게 오기까지 수명주기가 존재합니다. 이는 사용 및 시회적 영향부터 폐기까지의 변수를 고려해야 우리가 지키고자 하는 환경을 보존하고, 사회적 책임을 통해 지속 가능한 비즈니스를 할 수 있음을 알려줍니다.

플레이모빌과 레츄자의 현재 목표는 2027년까지 모든 제품이 100% 재사용되도록 폐쇄형 자재 주기를 확립하는 것입니다. 이미 윌토피아 시리즈가 스타트를 끊었고, 완전한 기후 중립을 이룰 때까지 자체 생성된 모든 탄소 배출을 중립화할 야심 찬 계획을 수행하고 있습니다. 지속 가능한 비즈니스에는 전체적인 관점이 필수입니다. 경제, 사회, 생태계 시스템은 서로 맞물려 영향을 미칩니다. 지속 가능한 가치 창출을 위해 플레이모빌은 비즈니스 생태계 내에서 아래의 8가지 원칙을 따르고 있습니다.

Resource Protection 자원 보호	Health 건강	Synthetic Materials 합성 재료	Influence 영향
Ecosystem Protection 생태계 보호	Competence 능력	Meaning-Making 의미 만들기	Impartiality 공정

지속 가능한 가치 창출을 위한 Geobra Brandstätter의 8가지 원칙

플레이모빌,
PLAYMOBIL PRO가 되다

★ 플레이모빌 프로

2021년 3월 전문가용 플레이모빌 모델링 키트, 일명 플레이모빌 프로Playmobil pro가 재출시되었습니다. 생김새는 마치 1978년 아이들을 위해 출시되던 플레이모빌 컬러 시리즈와 비슷합니다. 상상력을 자극하는 새하얀 피규어가 들어있는 구성은 같지만, 놀이의 측면보다는 업무 영역, 교육 영역 등의 프로세스를 시각화하는 데 도움을 주는 제품입니다. 스타트업, 크리에이티브 워크숍, 사내 트레이닝 등 비즈니스 서비스 컨설팅용으로 적합합니다. 흰 피규어에 직접 스케치나 컬러링을 하여 다양한 작업을 할 수 있습니다.

1978년 소개된 플레이모빌 컬러 제품

플레이모빌 프로 구 패키지

2021년 재출시된 플레이모빌 프로 새 패키지

특히 이러한 형태의 흰색 플레이모빌을 중립적인 피규어라 부르고 있는데, 키트의 볼륨이 커질수록 액세서리 및 창작을 위한 도구가 늘어나 다양한 상황에서 더 크고 넓은 창의적 사고를 할 수 있습니다.

인물, 동물, 의상 등이 포함된 플레이모빌 프로 PROFESSIONAL SET

★ 플레이모빌 프로에서 소개하는 작업 유형들

플레이모빌 프로에서는 8가지 작업 유형을 통해 여러 상황에서 유연하게 아이디어를 공유할 수 있다고 말합니다. 저는 우리나라 최초로 플레이모빌 프로를 들여와 콘텐츠를 연구하는 중인데요, 8가지 유형 중에서 제가 가장 인상 깊게 보았고, 공감하여 적용해 보려는 유형 4가지를 소개해 드리고자 합니다.

교육
대학이나 교육 시설에서 플레이모빌 프로를 사용하여 세미나 강의를 더욱 흥미롭게 만들 수 있습니다. 학과를 재편하거나 시험을 준비할 때 교수나 관리자가 기본적인 계획을 세우는 데 플레이모빌 프로가 도움을 줄 수 있습니다.

프로젝트 관리
프로젝트 관리자로서 여러 부서를 조율하고 일정을 정리하는 것은 복잡할 수 있습니다. 플레이모빌 프로는 프로젝트의 전체적인 상황을 이해하고, 체계적으로 관리하는 데 도움을 주어 혼란을 줄일 수 있습니다.

플레이모빌 프로를 통해 여러가지 상황에서 유연하게 아이디어를 공유하는 방법 8가지

디자인

플레이모빌 프로는 디자인 사고Design Thinking 방식에 잘 맞습니다. 고객의 문제를 해결하기 위한 과정인 이해, 관찰, 아이디어 도출, 그리고 프로토타입 제작 등을 시각적으로 보여주는 데 유용합니다.

테라피

상담 치료에서 환자가 말로 자신의 느낌을 표현하는 것이 어렵다면, 플레이모빌 프로를 통해 그 장벽을 허물 수 있습니다. 플레이모빌 프로는 환자가 자신의 생각과 감정을 표현하는 데 도움을 주어 더욱 열린 소통을 이끌어냅니다.

플레이모빌 프로는 특유의 개방적이고 투명한 접근방식을 가지고 있어서 거부감 없이 다양한 문제의 요인과 과정을 유쾌하게 드러내 보일 수 있습니다. 앞으로 저는 일상생활, 업무, 배움, 소통, 치유 등 다양한 분야에서 사람들 간의 소통을 돕는 데 플레이모빌 프로를 활용할 생각입니다. 다양한 액세서리와 보조 파츠 등을 접목해 개인 및 조직의 효율적인 성장을 돕는 백곰삼촌만의 콘텐츠를 만들고자 합니다.

★ 세계 최초 대학교 건축학과에서 활용된 플레이모빌 프로

플레이모빌 프로를 활용한 방법론은 다양한 상황에 적용될 수 있습니다. 그중에서도 제가 현재 교수로 재직 중인 S대학 건축학과 수업의 일환으로 플레이모빌 프로를 활용해 공간을 설계하는 프로젝트를 2023년부터 매년 진행 중입니다.

각 팀은 3~4인으로 구성되어 놀이터를 공동의 목표로 설계하는데 역량을 모았습니다. 모든 구성원은 각자 플레이모빌 키트를 사용하여 디자인 사고 세션을 개선하고 프로젝트의 공감, 아이디어, 프로토타입 제작, 결과에 대한 영상 제작까지 약 2개월에 걸쳐 팀 미션으로 진행되었습니다. 프로젝트 주최자인 저는 팀의 발목을 잡는 요인들을 찾아내고 구성원들이 마주할 정신적, 정서적 장벽과 장애물을 극복하도록 돕는 역할을 했는데요. 여기에서 플레이모빌 피규어가 프로젝트에서 중요한 이유는, 공간 내에서 스케일 Scale 감을 익히고, 실제 사용자인 사람을 고려해 해당 규모와 크기에 맞춰 공간의 구성을 학습하는 데 중요한 역할을 하기 때문입니다.

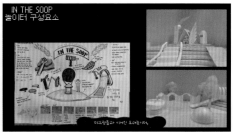

각 프로젝트 팀별 진행 영상 캡쳐(플레이모빌을 활용한 건축놀이터 공간 조성)

● 플레이모빌이 가진 확장성

플레이모빌을 통해 건축디자인을 하는 시도가 어쩌면 실제 플레이모빌 피규어 자체가 가진 조건에 비해 다소 어려운 도전일지도 모릅니다. 하지만 공간 사용자에게 캐릭터를 부여하고 소통하며 아이디어를 나누는 과정, 공간이 가진 콘텐츠를 구상하면서 탐색하고 자극을 주는 과정이 결국 공간에 대한 상상력과 창의력을 끌어내는 데 매우 유용한 소재가 됨을 알 수 있었습니다.

2023  **2024**

건축놀이터 with Playmobil 프로젝트 영상 보기

● 플레이모빌 프로의 미래

플레이모빌 프로를 활용한 프로세스는 다양한 전문가가 사용할 수 있습니다. 여러 작업 유형에서도 볼 수 있듯이 3가지 특징으로 요약할 수 있는데, 효율성과 창의성을 높여주면서 동시에 참여도를 올려준다는 것입니다. 비즈니스 미팅이 있는 자리에서 오히려 되물을 수 있습니다. "장난감과 비즈니스 – 함께 갈 수 있나요?" "플레이모빌 프로 피규어를 가지고 역할극과 스토리텔링을 해보면 어떨까요?" 개인과 개인, 회사와 회사 간 서로가 원하는 것을 적극적으로 시각화하고 이해관계자와 책임자 간의 관계를 끊임없이 발전시킨다면, 우리는 각각의 상황에 더 쉽게 적응할 수 있으며, 긍정적인 분위기와 장난스러운 맥락 덕에 어쩌면 절대 존재하지 않았을 아이디어와 가능성을 만들어 낼 수 있습니다.

플레이모빌 어떻게 보관하고 전시하면 좋을까요?

플레이모빌은 놀잇감으로서 기본적인 종이 패키지 박스에 들어있지만, 언박싱 이후 박스를 버렸다면 보관에 대한 고민이 시작됩니다. 그중에서도 가장 신경 쓰이는 게 특별한 피규어들이죠. 덩치가 큰 자동차나 건물 등은 어딘가 그대로 전시하거나 모아두면 되는데, 어딘가로 이동 시 피규어를 가지고 다녀야 하는 상황이라면 어디에 넣어 다니면 좋을지 고민이 될 것 같습니다. 저는 그럴 때 인근 생활용품점에서 플라스틱 분할 케이스를 구입해서 피규어와 소품까지 넣어 다닌답니다. 공구 보관함이나 미술도구 이동식 보관함도 크기에 따라 다양하게 이용할 수 있으니 여러 가지를 비교해 보시고 자신에게 맞는 보관함을 선택하시면 됩니다.

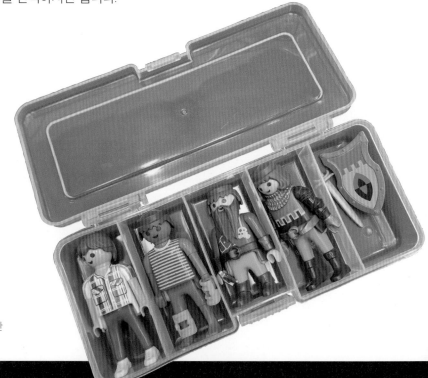

플레이모빌 피규어 보관
분할 케이스

그리고 캐리 케이스Carry Case 라고 해서 가방 형태의 케이스가 있는 공식 플레이모빌 보관용 제품도 있습니다.

플레이모빌 피규어 컬렉터의 경우, 어딘가에 전시하고 싶은데 어떤 형태의 전시대가 좋을지, 과연 그런 것들이 있는지에 대한 고민이 많으실 것 같습니다. 우선 저의 경우는 미니 자동차 보관함을 수직으로 세워서 피규어들을 하나하나 보관 중인데, 수직으로 최소 8cm 이상 되는 크기라면 피규어를 세워두기에 적합합니다. 게다가 요즘은 피규어들을 세워두기 위해 아크릴 전시대, 나무 전시대 등이 다양하게 출시되고 있으니 선호하는 종류의 디자인과 기호에 따라 선택하시면 됩니다.

보관용 플레이모빌 케이스, 캐리 케이스

백곰삼촌이 직접 개발한 피규어 거치대를 활용한 전시

do you like

Playmobil
Life

플레이모빌
챕터 3

PLAYMOBIL
chapter

3

01 플레이모빌
피플

올리버 쉐퍼
(Oliver Schaffer)

디오라마 아티스트 Diorama Artist
플레이모빌 브랜드 앰배서더
인스타그램: @oliverschaffer

Q: 안녕하세요, 플레이모빌 코리아 앰배서더 백곰삼촌입니다. 간단히 자기소개 부탁드려요.

안녕하세요. 저는 독일에서 활동 중인 플레이모빌 브랜드 앰배서더, 디오라마 아티스트 올리버 쉐퍼Oliver Schaffer입니다. 전직 뮤지컬 배우이며, 함부르크에서 '맘마미아' 등의 공연에 참여했습니다. 현재는 어린 시절 취미가 제 직업이 되었습니다. 제 디오라마 작품들은 현재 다양한 박물관과 전시장에서 찾아볼 수 있습니다.

Q: 디오라마가 뭔가요?

일종의 장면을 연출하는 것으로, 플레이모빌 피규어를 이용하여 다양한 테마에 맞춰 풍경을 디자인합니다. 이러한 작업은 사이즈가 매우 작을 때도 있고, 매우 클 때도 있는데, 지금까지 플레이모빌과 함께 65번의 전시회를 열었습니다. 그간 제 전시에 사용된 피규어의 수는 40만 개, 방문객 수는 약 550만 명에 이르고 있습니다.

Q: 처음 어떻게 플레이모빌을 접하셨나요?

1981년 크리스마스 선물로 첫 번째 플레이모빌 세트를 받았습니다. 프레데터카, 셰퍼드 그리고 동물원 세트였습니다. 저는 즉시 플레이모빌에 푹 빠지게 되었고, 열렬한 팬이 되었습니다.

Q: 어떻게 디오라마 아티스트가 되셨나요?

저에게 플레이모빌은 역사, 일상, 환상적인 다양한 세계에 몰입할 기회를 줍니다. 캐릭터들은 항상 웃고 있으며, 어디서나 긍정적인 반응을 얻고 있습니다. 플레이모빌 디오라마는 한마디로, 미니어처로 보는 거대한 세계와 같습니다. 플레이모빌 세계에는 거의 모든 것이 담겨 있습니다. 2019년부터 풀타임 플레이모빌 디오라마 아티스트로 활동하며 유럽 전역에서 플레이모빌을 선보이고 있습니다.

Q: 보통 전시회를 준비하기 위해 얼마나 많은 시간을 투자하시나요?
전시회를 계획하는 데는 때로는 최대 3년이 소요되기도 합니다. 전시와 전시 사이에 저는 다음 전시를 위해 플레이모빌을 분류하고 포장합니다.

Q: 독일 본사의 글로벌 앰배서더시죠?
몇 년 전, 플레이모빌에서 저에게 비공식 파트너십을 맺고 싶은지 물었습니다. 이를 통해 저는 제 작업을 플레이모빌의 지침을 준수하여 라이선스 및 테마 선택, 디자인 등을 하고 있으며, 플레이모빌로부터 별도의 금품이나 주문을 받고 있지는 않습니다.

Q: 끝으로 하고 싶은 말이 있으시면 부탁드립니다.
현재 독일 슈파이어 팔츠 역사박물관에서 2023년 10월 1일부터 ~ 2024년 9월 15일까지 플레이모빌 50주년을 기념해 "We Love PLAYMOBIL" 이름으로 전시회를 진행 중입니다. 박물관 방문객들은 남녀노소 누구나 전시에 직접 참여하고 현장의 다양한 이벤트를 통해 반세기 동안 플레이모빌이 가져다주었던 다채롭고 항상 유쾌한 놀이의 즐거움을 온몸으로 경험할 수 있을 겁니다.

올리버 쉐퍼의 50주년 기념 특별피규어 - 슈파이어 팔츠 역사박물관

강유진

플레이모빌을 문화로 이끄는 IQBOX 대표이사
인스타그램: @iqbox1988, @pmkorea
홈페이지: www.iqbox.co.kr

Q: 안녕하세요, 대표님. 간단히 자기소개 부탁드려요.
1988년 설립된 유럽 완구 브랜드 공식 수입원 아이큐박스의 대표를 맡고 있는 강유진입니다.
우선 플레이모빌 팬 중의 한 명으로 국내에서도 드디어 플레이모빌 관련 도서가 나오게 된 것을 축하하며 저자이신 백곰삼촌께 감사드립니다.

Q: 플레이모빌을 국내 소개하게 된 동기가 있으신가요?
자라나는 아이들에게 어린 시절 가장 소중한 친구는 장난감입니다. 장난감을 통해 상상하고 경험하며 성장한다고 생각합니다. 플레이모빌은 지금도 제가 가장 애착을 가지고 있는 브랜드입니다. 'Anything is possible'이라는 슬로건처럼 플레이모빌을 가지고 노는 아이들의 상상 속에서는 무엇이든 가능합니다. 또한 뛰어난 디자인과 색감, 그리고 미소 짓고 있는 피규어의 얼굴은 성인들에게도 장난감 이상의 가치를 줍니다.

플레이모빌의 창업자인 호르스트 브란트스테터는 플레이모빌의 매력에 대해 이렇게 말했습니다.
"저는 종종 플레이모빌의 무엇이 그렇게 특별한지 질문을 받습니다. 아이들은 플레이모빌과 함께 무엇을 할 수 있을까요? 제품에서 보이는 것이 중요한 것이 아닙니다. 아이들의 머릿속에서 무슨 일이 벌어지고 있는지가 중요한 거죠."라고.

해외 전시회나 시장조사를 나가보면 너무나 훌륭한 장난감들이 많은데, 국내에 모두 소개하지 못해 항상 안타깝게 생각합니다. 그중에 엄선해서 들여온 것들이 현재 아이큐박스에서 취급하고 있는 브랜드들입니다.

Q: 아이큐박스는 어떤 회사인가요?
1988년 도서출판 삼성당의 계열사로 설립되어 운영되다가 제가 대표로 취임하던 2006년 계열분리 하였습니다. 현재 독일 플레이모빌, 스웨덴 브리오, 프랑스 오마이, 영국 플레이포에버, 이탈리아 테크노디다티카 그리고 영국의 돌스월드를 국내에 소개하고 있습니다. 또한 최근 맘 앤 키즈 라이프스타일 스토리텔링 브랜드 '인더스토리' 편집숍을 오픈해 장난감 외에도 육아에 필요한 다양한 제품들을 제안하고 있습니다.

Q: 처음 어떻게 플레이모빌을 접하셨나요?
어린 시절 TV에서 '영플레이모빌'(한국에서는 영실업이 80년대 플레이모빌 국내 제조/유통권을 가지고 영플레이모빌이라 이름 붙여 판매했다) 광고를 보며 자란 제가 지금 플레이모빌 팬이 되었습니다.

Q: 가장 소개하고 싶은 나만의 플레이모빌은?
모든 플레이모빌 제품이 저에게는 의미 있지만 가장 소중한 플레이모빌 모델을 꼽는다면 올해 플레이모빌 50주년을 기념해 한국을 위해 제작한 피규어입니다. 그동안 한국의 팬들과 저도 개인적으로 염원했던 한국을 위한 피규어를 드디어 만들었습니다. 약 3년의 기간을 거쳐 탄생한 첫 피규어는 한국인이 가장 사랑하는 인물인 '세종대왕'으로, 몇 가지 자랑하고 싶은 특징을 가지고 있는 피규어입니다. 커스텀 피규어를 만드는 요건이 몇 가지 있는데 그 중 부품은 기

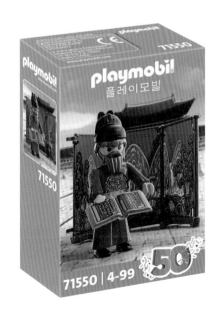

존에 생산되었던 부품을 사용해야 한다는 점입니다. 세종대왕을 표현하기 위해서는 한복도 있지만 익선관을 표현해야 하는데 기존 부품에서는 없는 부품이었습니다. 제품의 완성도를 포기할 수 없어 플레이모빌을 설득해 몰딩을 개발했으며 최초로 제품 패키지에 브랜드명을 한글로 표기하는 것도 가능케 하였습니다.

Q: 앞으로 이루고자 하는 목표?
우리가 갖고 있는 브랜드를 다른 형태의 콘텐츠로 만드는 것입니다. 2015년 세계 최초로 개최한 '플레이모빌 아트전'과 2021년 스타벅스 커스텀 피규어 개발을 통해 장난감

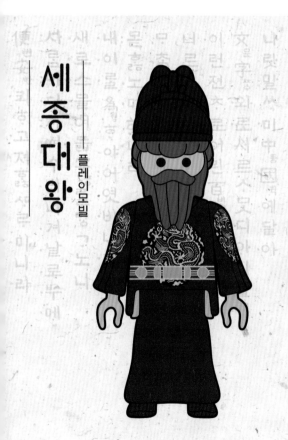

세 종 대 왕
플레이모빌

세종대왕
(1397~1450)

세종대왕은 한국인이 가장 사랑하고 존경하는 인물 중 한명으로 지폐, 도로, 문화시설, 도시 등에 이름을 넣을 정도이다. 과학, 국방, 농업, 문화, 예술 등 다양한 분야에서 위대한 업적을 남겼으며 1443년 훈민정음 창제라는 큰 업적을 남겼다. 이는 세종대왕이 남긴 문화유산 가운데 가장 빛나는 업적이며 우리 민족의 문화유산 중에서도 가장 훌륭한 유산임에 분명하다.

아이큐박스는 플레이모빌 50주년을 기념하여 한국을 위한 첫 피규어로 세종대왕을 선정하였고 이 모든 작업이 가능하도록 도움 준 김태식작가님, 이형균, 이선 그리고 독일 플레이모빌 본사에 깊은 감사를 전합니다.
아이큐박스 대표이사 **강유진**

308

도 문화가 될 수 있다는 가능성을 엿봤습니다. 따라서 커스터마이징이나 컬래버레이션 형태로 플레이모빌을 포함한 아이큐박스의 유통 브랜드를 라이선스 사업으로 연결해 특색 있는 콘텐츠로 개발해 나가고자 합니다. 또한 고객 취향에 맞는 제품으로 꾸민 공간을 통해 라이프스타일을 제시하는 '인더스토리' 사업도 올해는 온라인에서 만나보실 수 있게 될 겁니다.

Q: 50주년을 맞이한 플레이모빌에 축하 메시지 부탁드려요.

50년간 전 세계 어린이들에게 사랑받은 플레이모빌에 감사와 축하를 함께 전하며 앞으로도 변치 않는 가치와 혁신을 이어 나가길 바랍니다. 아이들에게 꿈과 영감을 주는 플레이모빌을 늘 응원합니다.

조미나

사진작가
플레이모빌 포토에세이 <맑은 날씨 좀 당겨써볼까?> 저자
인스타그램: @myassam7
카카오스토리: myassam7

Q: 간단히 자기소개 부탁드려요.
20대, 30대를 플레이모빌과 함께한 그리고 앞으로도 꾸준히 플레이모빌과 나란히 걸어갈 플레이모빌 덕후, 웃는햇살 조미나입니다. 플레이모빌의 작은 세상 속에 생기를 불어넣어 사진을 찍고 그 속에 담긴 따뜻함을 이야기합니다.

Q: <맑은 날씨 좀 당겨써볼까?>는 어떤 책인가요?
플레이모빌 덕후의 사진 에세이입니다. 어디론가 떠나고 싶지만 현실이 허락하지 않을 때, 답답한 마음을 조용히 달래고 싶을 때 이 책을 펼쳐 보세요. 플레이모빌과 함께 산책하고, 여행하고, 사랑하는 동안 팍팍한 현실은 자연스레 잊히고 마음 가득 따뜻하고 화사한 에너지가 들어차는 것을 느낄 수 있습니다.

Q: 작가님은 처음 어떻게 플레이모빌을 접하셨나요?
귀엽고 재미있는 장난감과 소품을 좋아합니다. 인터넷 쇼핑을 하다가 플레이모빌 키링을 발견했는데 각진 모양이 아닌 부드러운 곡선 형태의 플레이모빌의 외형에 반하게 되었습니다. 이 귀여운 플레이모빌을 나만 알고 좋아하는 것보다 내 주변의 사람들에게 전하고 싶은 마음으로 플레이모빌 키링을 선물하면서부터 플레이모빌과의 인연이 시작되었습니다. 처음부터 플레이모빌은 제게 선물 같은 존재였습니다. 그 후 첫째 언니 집 책장에 놓여 있던 다양한 플레이모빌을 보고 관심이 더 커지게 되었습니다.

Q: 어떻게 플레이모빌 사진작가로서 활동하게 되셨나요?

10년간 다니던 첫 직장을 그만두었을 때 여행 작가이자 사진작가이신 오재철 작가님의 사진 강좌를 들었습니다. '나만의 주제를 가지고 나만의 이야기를 사진에 담아보라'는 말씀을 계기로 좋아하는 플레이모빌을 사진으로 담게 되었습니다. 그 후 오재철 작가님은 제 사진을 보고 사진의 주제가 명확하고 스토리가 재미있다며 연락처를 물어보셨고 그동안 찍었던 사진들을 보시며 피드백을 해 주셨습니다. 그리고 정말 매력 있는 사진과 스토리가 많이 나올 수 있을 것 같으니 꾸준히 사진을 찍어보라고 격려해 주셨습니다. 그것을 계기로 플레이모빌 사진을 찍으면서 사람들과 소통하고 있습니다.

Q: 소개하고 싶은 에피소드가 있다면?

내향적인 성격을 가진 저는 많은 사람들이 있는 곳이나 유명 명소 같은 곳에서 사진을 촬영하는 일이 드뭅니다. 그리고 자연 배경을 고려하여 플레이모빌을 세팅하는 시간이 꽤 길기 때문에 여유롭게 사진 찍을 수 있는 곳을 선호합니다. 함께 일하던 직장 동료이

자 친구가 하늘공원에 가고 싶다고 해서 한 손에는 플레이모빌 비행기, 다른 손엔 카메라를 들고 갔습니다. 이날은 한글날 공휴일이어서 걸어 다닐 때 서로 어깨가 부딪힐 정도로 사람들이 붐볐었습니다. 하늘공원 올라가는 계단에서 한강을 등지고 사진을 찍으면 예쁘게 잘 나왔기 때문에 연인, 혹은 가족과 친구끼리 인증샷처럼 사진을 찍는 곳이 있었습니다. 처음으로 사람 많은 곳에서 사진찍기를 도전했습니다. 평소와는 다르게 한 손으로만 카메라를 들고 셔터까지 눌러야 했기 때문에 정말 쉽지 않았습니다. 원하는 배경 위치에 비행기가 나와야 했고 손이 보이면 안 되기 때문에 플레이모빌 비행기를 친구에게 들어달라고도 할 수 없었습니다. 게다가 사람들이 그 장소에서 사진을 찍기 위해 줄을 서서 기다리고 있었기 때문에 정말 빨리 사진을 찍어야만 하는 상황이었습니다. 제 차례를 기다리며 사진 찍을 장면과 동작을 반복하여 연습했습니다. '비행기는 배경 이쯤에 고정하고 카메라 각도는 이렇게'를 되뇌며 드디어 제 차례. 숨을 크게 들이켜고 호흡을 멈춘 후 빠르게 사진을 찍었습니다. 장난감을 들고 사진 찍는 저에게 내리꽂히는 수많은 시선을 30초 남짓한 시간 동안 받으며 빠르게 촬영을 끝낸 사진입니다.

어린 왕자는 제가 좋아하는 책 중의 하나입니다. 어린 왕자와 비행사가 만나게 되는 사막은 사진으로 표현하기에 아름다운 곳입니다. 여행하며 어른들의 세상을 알아가는 어린 왕자의 스토리가 슬프지만 팍팍한 현실 속에서도 작은 촛불처럼 조용히 빛을 발하는 순수함이 내 안에도 존재하는 것을 느낄 수 있어서 좋아합니다. '중요한 것은 눈에 보이지 않아' 이 말은 제 삶의 모토가 되어 늘 무언가를 꿈꾸며 살아가고 있습니다. 꿈꾸는

자는 늙지 않는다는 말이 있지요? 플레이모빌 덕
후들은 영원히 늙지 않습니다.

Q: 앞으로 해 보고 싶은 작업 및 목표?

연작으로 플레이모빌을 촬영해 보고 싶습니다.
장소는 같지만, 다른 계절 속에서 전해지는 감정
과 사람들을 담아보고 또 한 편의 드라마처럼 스
토리가 연결되는 긴 이야기들을 담아보고 싶습
니다. 또, 한국적인 요소와 결합한 플레이모빌을
찍어보고 싶습니다. 그러기 위해서는 플레이모
빌 커스텀을 도전해야 하는 과제를 먼저 해결해
야겠지요? 제가 먼저 커스텀을 도전하기 전에 한
국 문화를 담은 플레이모빌이 발매될 수 있길 간
절히 바라고 기도합니다. 상상력에 한계가 없는
플레이모빌처럼 저의 플레이모빌 이야기도 끝이
없길 바랍니다. 그래서 또 좋은 이야기 책으로 찾
아갈 수 있도록 노력해 보겠습니다.

Q: 50주년을 맞이한 플레이모빌에 축하 메시지 부탁드려요.

플레이모빌의 탄생을 축하합니다. 50년이라는 시간 동안 다양한 시대와 문화, 일상을
플레이모빌 속에 담고 또 다양한 브랜드와 컬래버레이션으로 플레이모빌 덕후들의 마
음을 흔들고 있는데요. 앞으로도 플레이모빌이 더욱 커다란 세계로 나가길 바랍니다.

야콥 부르그소
(Jakob Burgsoe)

디자이너
보이후드 Boyhood 창립자
인스타그램: @boyhood_design

Q: 간단히 자기소개 부탁드려요.
안녕하세요. 저는 보이후드의 창립자이자
대표 디자이너 야콥 부르그소입니다.

Q: 보이후드는 어떤 회사인가요?
Boyhood는 2016년에 설립되었으며, 덴마
크 오르후스에 본사를 둔 디자인 브랜드입
니다. 언제나 미소를 불러일으키는 목적을
가지고 다양한 현대 미술과 디자인을 해석
하며 유쾌하고, 때론 향수를 불러일으키는
해석을 선사하고자 애쓰고 있으며, 세계에
서 가장 인정받고 상징적인 브랜드 중 일부

와 협력하여 독특한 나무 피규어를 만들고 있습니다.

Q: 원래 나무를 좋아하셨나요?
저는 목재 소재를 정말 좋아합니다. 유기적이고 살아있으며, 창조하고 싶게 만들기 때문
이에요. 전 어린 시절부터 아버지의 작업장에서 많은 시간을 보냈습니다. 이곳에서 맨손
으로 무엇인가를 직접 만드는 것에 푹 빠졌습니다. 특히 아버지의 기본 기술, 창의적인
사고방식, 새로 발견한 기술을 활용하여 목재로 다양한 작품들을 만들게 되었고, 플레이
모빌과도 연결되게 되었지요.

Q: 플레이모빌 사진작가로 활동하게 된 계기가 있나요?

저에게 플레이모빌과 파트너십을 갖는 것은 어린 시절의 꿈이 실현되는 것입니다. 80~90년대에 성장한 소년으로서 플레이모빌은 제 삶의 큰 부분이었고, 저는 플레이모빌의 환상적인 우주에서 수천 시간을 보냈습니다. 이 파트너십에 참여하는 것은 저에게 추억의 길이며, 계속해서 향수를 느끼게 되고, 캐릭터를 디자인할 때의 디자인 과정은 저를 좋은 추억의 어린 시절, 즉 보이후드 브랜드의 DNA로 되돌려 놓을 수 있습니다. 특히 클래식한 플레이모빌 피규어의 시그니처 나무 버전은 아마도 플레이모빌을 사랑하는 디자인 애호가들에게는 절대적인 아름다움을 보여준다고 생각합니다.

특히 보이후드에서는 FSC 인증을 받은 목재만을 사용하는 것을 원칙으로 하고 있습니다. 모든 보이후드 제품은 사회적 책임을 우선시하며, 자연환경을 보존하고 목재가 원산지인 숲의 공정한 사회 조건을 보장하는 데 중요한 역할을 하기 위해 애쓰고 있습니다.

Q: 플레이모빌 맨 제품을 통해 전달하고 싶은 메시지가 있다면?

나무로 만든 보이후드 버전 플레이모빌 맨과 함께 모험을 떠나보세요. 눈을 감고 심호흡하면 플레이모빌 맨이 여러분을 좀 더 단순한 시간으로 되돌려 줄 것입니다. 여러분의 상상력이 마구 뛰어다니는 시간으로요.

김태식　GUI 디자이너
플레이모빌 대표 커스텀 작가 <스타벅스, 대한항공 등>
인스타그램: @kimtaeshik

Q: 간단히 자기소개 부탁드려요.
안녕하세요. 저는 GUI 디자이너이자 장난감을 이용해 브랜디드 작품을 만들고 있는 김태식입니다.

Q: 처음 어떻게 플레이모빌을 접하셨나요?
제가 어렸을 때 즐겨 가지고 놀았던 추억의 장난감이었죠. 그러다 2001년 일본 메디콤토이에서 베어 브릭을 출시하면서 플랫폼 토이에 대한 관심이 높아졌습니다. 플랫폼 토이는 여러 브랜드와 작가들이 협업해서 새로운 시리즈를 창조하는 토이의 기본 틀을 말

하는데, 저 또한 제품 디자이너로 일하다 보니 저만의 플랫폼 토이를 만들고 싶었습니다.

특히나 디자이너들은 원형을 좋아하는 성향이 강한데 바로 플레이모빌이 플랫폼 토이의 원형이었던 거죠. 플레이모빌이 세계최초로 사람 모양 피규어를 선보였거든요. 그런 매력 때문에 플레이모빌에 점점 빠져들었고, 10여 년 전부터 본격적으로 플레이모빌을 수집하기 시작했습니다.

Q: 작가님이 생각하는 플레이모빌은 매력은 무엇인가요?
플레이모빌은 1974년 처음 출시된 제품이나 지금 나오는 제품이나 한결같아요. 부품도 여전히 호환이 가능하죠. 순수함이 가득한 동그란 눈, 그리고 항상 해맑게 웃는 얼굴을 보는 것만으로도 기분이 좋아집니다.

Q: 플레이모빌 아트토이 작가로 활동하게 된 계기는?
사진을 참 좋아하는데, 유독 제 모습이 찍히는 건 어색하고 싫었어요. 그래서 아바타 같은 존재가 나를 대신할 수 있다면 좋지 않을까 생각했고, 제가 좋아하는 플레이모빌을 이용해 저의 분신을 만들게 되었죠. 또 제품 디자이너이다 보니 좋아하는 브랜드가 많고, 그러한 브랜드를 표현할 수 있는 작품을 만들기에 플레이모빌이 가장 알맞았어요.

Q: 자기 작품 중 꼭 소개하고 싶은 것이 있다면?
제가 좋아하는 브랜드와 협업한 플레이모빌 커스텀 작품들을 많이 선보이고 있는데요. 전부 특별한 스토리가 깃들어 있지만, 특히 BMW MINI 동호회 활동을 하면서 행사 로고들을 일일이 직접 다 그려 넣은 MINI 플레이모빌은 저한텐 특별한 작품이에요. 65cm 크기의 XXL 플레이모빌인데 MINI와 관련한 기록이 오롯이 담긴 저의 아바타죠.

Q: 마지막으로 하고 싶은 말이 있으시다면?
내가 봐서 즐거우면 그것이 곧 최고의 작품이라고 생각해요. 물질적인 값어치를 떠나 내가 좋다면 다 똑같은 작품이 아닐까요? 누구나 나만의 소중한 작품을 동등하게 간직하고 즐겼으면 좋겠어요. 50주년을 맞이한 플레이모빌, 오래오래 많은 사람들에게 사랑받았으면 합니다!

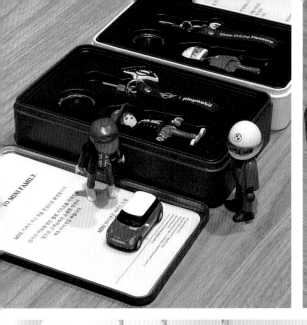

OkayTina　일러스트레이터, 그림책 작가
플레이모빌 대표 일러스트 작가

인스타그램: @okaytina

Q: 간단히 자기소개 부탁드려요.
오케이티나OkayTina 홍수영입니다. 일러스트레이터이자 그림책 작가로 활동하고 있습니다.

Q: 처음 어떻게 플레이모빌을 접하셨나요?
어린 시절 언제나 곁에 있어 친근한 영플레이모빌이 시작이었죠. 본격적으로 플레이모빌의 매력에 빠져 모으기 시작한 건 1990년대 후반 해외여행을 다니면서 토이샵이나 빈티지 마켓을 통해서예요. 주로 아이들과 동물, 1.2.3. 시리즈를 집중적으로 모았고, 2000년대 초반 제 전시회에서도 작품과 함께 플레이모빌을 배치하여 연출하기도 했었습니다.

Q: 플레이모빌 작가로 활동하게 된 계기는?
2015년 〈플레이모빌 아트展〉을 통해 My Playmobil 시리즈를 처음 발표했습니다. 이후 플레이모빌 스타벅스 컬래버 기념 특별 전시 〈BUDDY展〉(2020), 〈플레이모빌 미술관에 가다〉(2021), 〈PLAYMOBIL PLAY MOVIE〉(2022)를 통해서 다양한 작품을 소개했습니다. 50주년 기념 플레이모빌 전시회에도 함께 참여하게 되어 개인적으로 기대가 큽니다.

Q: 자기 작품 중 꼭 소개하고 싶은 것이 있다면?

2015년부터 시리즈 작업으로 이어가고 있는 'My Playmobil' 입니다. 모두의 플레이모빌이지만 결국 나만의 플레이모빌이 생기기 마련이잖아요. 그렇게 시작된 시리즈로 첫 전시회에서는 플레이모빌의 다채로운 색감에 집중하여 파스텔, 비비드, 빈티지 컬러를 분리하여 작업했습니다. 컬러를 구분하여 사용함으로써, 플레이모빌의 매력적인 시각적 경험을 제공하고 싶었어요. 또한 빈티지 컬러를 통해 과거 어린 시절의 추억과 현재를 연결해 보았습니다.

이후 시리즈에서도 각각의 콘셉트에 맞춰 메인 컬러를 제한적으로 사용하여 작업하고 있는데, 작품의 일관성을 유지하면서도 주제를 더욱 강조하는 효과가 있습니다. 달라진 점이 있다면. 첫 시리즈에서는 가장 좋아하는 아이들 피규어로만 구성했다면, 이후 연령과 성별을 넘어서 다양한 모습으로 표현하도록 노력했다는 거예요. 이러한 변화는 작품을 통해 더욱 포용적인 메시지를 전달하고 싶었고, 'Stay different'라는 제 작품 세계관과 맞닿게 하고 싶었습니다.

Q: 앞으로 해보고 싶은 작업 및 목표가 있다면?

정말 많은 사랑 받았던 영화 시리즈 작업을 새로운 영화 속 인물들로 재연출해 보고 싶습니다. 다양한 개성을 지닌 영화 속 인물들을 플레이모빌로 표현하는 재미가 있거든요. 그리고 패브릭 작업을 활용하여 딱딱한 플레이모빌의 촉감을 포근하게 전환한 인형 시리즈 작업도 이어가고 싶습니다.

Q: 작가님이 생각하는 플레이모빌의 매력은?

1.2.3. 시리즈를 정말 사랑해요. 예전에는 플레이모빌의 아름다운 컬러감을 좋아했다면, 이제는 플레이모빌이 끊임없이 보여주고 있는 다양한 측면을 존경합니다. 우리에게 단순히 장난감을 넘어서 그 이상의 의미와 가치를 전달하고 있다고 믿기 때문이죠. 최근 포장뿐만 아니라 모든 재료를 80%이상 환경을 위한 소재로 변경하는 친환경 프로젝트 또한 우리가 나아가야 하는 지속 가능한 미래에 대해서 보여 준다고 생각합니다. 과거와 현재를 이어주고 미래를 약속하는 플레이모빌이 동시에 다양성을 존중하며 지구를

사랑한다니! 이러한 플레이모빌을 도저히 사랑하지 않을 수 없습니다. 사실 장엄한 의미를 두지 않고도, 그저 보는 것만으로도 입가에 따뜻한 미소가 번지게 해주는 사랑스러움! 그 자체가 가장 큰 매력이라 생각합니다.

Q: **50주년을 맞이한 플레이모빌에 축하 메시지 부탁드려요.**
플레이모빌 50주년을 축하합니다. 오랜 시간 항상 우리 곁에 있어 줘서 감사합니다.:)
플레이모빌 하나하나가 이루어낸 세계는 많은 이들 마음속에 거대하게 자리 잡았다고 생각합니다. 작은 손안에 커다란 세상 플레이모빌!

My PLAYMOBIL - movie edition

겸덕 플레이모빌 컬렉터 겸 연출 작가
인스타그램: @gyeomdeokk

Q: 간단히 자기소개 부탁드려요.

안녕하세요, 저는 플레이모빌을 애정하는 겸덕입니다. 겸덕은 제 이름과 '덕후'라는 단어를 합쳐서 만든 닉네임이에요. 작고 귀여운 피규어 보는 것을 좋아하다 보니 자연스럽게 컬렉터가 되었는데요. 사진 찍는 걸 좋아하는 남자 친구와 함께 피규어로 사진 촬영을 하면서 놀던 것을 시작으로 스토리를 만들고 연출까지 하게 되면서 플레이모빌 작가로 활동하게 되었습니다.

Q: 처음 플레이모빌을 접하게 된 계기는?

저는 원래 피규어에 관심이 없는 사람이었는데 우연한 기회에 플레이모빌을 접하게 되었습니다. 2년 전, 영화관 입구에 피규어 자판기가 있었는데 그때 뽑은 것이 제 첫 소장 피규어인 70274 비치 커플이었습니다. 남녀 한 쌍이 세트로 구성되어 있었고, 디테일한 모습들이 마음에 들었습니다. 그 후 여름을 주제로 해변에서 연출해 보면 재밌을 것 같아 여름과 관련된 피규어를 하나씩 모으기 시작했는데요. 생각지도 못한 공간에서 우연

히 만난 플레이모빌 라이프 덕분에 좋은 인연들을 만나고 제 삶도 더욱 즐길 수 있게 되었습니다.

Q: 어떻게 플레이모빌 작가로서 활동하게 되었나요?

저의 플레이모빌 작가 활동에는 남자 친구의 역할이 큽니다. 남자 친구는 사진 찍는 것을 좋아하고, 저는 피규어로 스토리를 붙여 연출하는 것을 즐기다 보니 처음에는 재미있는 취미로 시작했던 일에 점점 애정이 생기고 어느새 우리의 작업물을 보고 많은 분들이 관심을 가지기 시작했습니다. 플레이모빌을 접한 지 1년 만에 커먼 그라운드 건대점에서 '좋아하는 마음'을 주제로 첫 전시회까지 할 수 있었는데요. 그동안의 작업물을 정리하고, 누구나 즐길 수 있는 공간을 기획했던 시간이 상당히 뜻깊었고 작품 하나하나를 자세히 봐주시고 즐겨주셨던 방문객들의 모습은 아직도 제 기억 속에 인상적으로 남아있습니다. 저를 작가로 불릴 수 있게 해 주신 인덱스 대표님과 디렉터님께 감사 인사를 전하고, 제 첫 전시 보러 멀리서 와주신 분들께 정말 감사 인사 전합니다.

Q: 소개하고 싶은 에피소드와 대표 작품을 알려주세요.

사진을 찍다 보면 웃픈 에피소드가 생기기도 합니다. 가장 먼저 생각나는 건 여행 메이트들과 강릉 바다에 놀러 갔다가 벌어진 일입니다. 바다에서 서핑보드를 연출하여 찍는 도중에 피규어가 강력한 파도를 이기지 못하고 쓸려간 슬픈 에피소드인데요. 다들 피규어를 찾아주겠다고 나섰지만 결국엔 못 찾았거든요. 저희는 챙겨갔던 서핑보드 2개 중 하나만 쓸려갔다는 것에 안도하면서, '강릉 바다의 파도에는 절대 피규어를 동행하면 안 된다'는 교훈을 얻었습니다.

많은 사진 중에서 제가 애정하는 몇 작품을 소개해 볼까 합니다. 저는 배경에 따라 플레이모빌을 선택하거나 플레이모빌을 보고 원하는 오브제를 연상하기도 하고, 아기자기한 소품들을 보면서 스토리를 구상해 보기도 하는데요.

제가 소개하고 싶은 첫 번째 애정 작품은 우주 정거장입니다. 콘셉트는 우주 정거장이며

스타벅스와 컬래버한 제품을 사용하였습니다. 남자 친구의 조명 연출 아이디어로 훌륭한 색감의 작업물이 탄생하여 저희의 자화자찬이 듬뿍 담긴 작품입니다.

두 번째 애정 작품은 뮤지컬 '데스 노트'를 흥미롭게 연출한 사진입니다. 뮤지컬 포스터를 배경으로 삼아, 실제 이야기에서 사용되는 소품들을 피규어 크기에 맞게 제작하여 배치했는데요. 극 중에서 데스노트는 무시무시한 아이템이지만, 귀여운 플레이모빌 덕분에 앙증맞은 매력을 새롭게 느낄 수 있는 작품입니다.

세 번째로 소개해 드리고 싶은 작품은 꽃을 배경으로 한 사진입니다. 저는 꽃과 식물을 좋아해서 플레이모빌과 접목해 자주 찍습니다. 이렇게 사진에 제가 좋아하는 취향을 담아낼 수 있다는 것이 플레이모빌의 큰 장점인 것 같습니다.

마지막으로 웨딩을 주제로 한 콘셉트 사진입니다. 봄날 벚꽃과 함께 찍은 웨딩 플모들, 너무 귀엽지 않나요~?

Q: 앞으로 해보고 싶은 작업 및 목표가 있다면?
해보고 싶은 작업은 저랑 남자 친구랑 촬영하는 모습을 유튜브로 남겨보는 것을 해보고 싶고요. 피규어 쇼핑하는 영상들은 유튜브에 올려보고 싶어요. 저의 최종 목표는 피규어 소품샵을 작게나마 운영해 보는 것이 제 목표입니다. 바잉부터 홍보, 판매까지 제가 직

집 기획해 보고 싶습니다. 아직은 준비 단계지만 오늘도 덕업일치를 꿈꾸며 열심히 더질 중입니다.

Q: 내가 생각하는 플레이모빌의 매력

제 생각에 플레이모빌의 매력은 상상력을 더 다채롭게 만들어주고 그 상상력을 실현할 수 있다는 점입니다. 저는 디자인 분야에 본업을 가지고 있어서 항상 창작에 대한 욕구가 있는데요. 특히 사진 촬영을 할 때 상상 속의 상황을 연출하면서 즐거움을 느끼는데, 피규어를 보고 연출하고 촬영하는 모든 과정이 저에게 긍정적인 영향을 줍니다. 플레이모빌을 통해 사진 작업을 하면서 본업을 더욱 사랑할 수 있게 된 것 같습니다.

Q: 마지막으로 하고 싶은 말

플레이모빌로 인해서 제 일상에는 꽤 많은 긍정적인 변화들이 생겼습니다. 그저 스쳐 지나갈 수 있었던 소소한 장면들에 관심을 가지고, 일상적인 공간도 피규어와 함께 사진으로 담아내면서 평범했던 일상이 즐거워졌습니다. 여행을 갈 때는 꼭 플레이모빌을 챙겨가고요. 가까운 카페를 방문하거나 등산을 갈 때도 항상 주머니에 플레이모빌을 챙겨서 사진을 찍곤 합니다. 저에게 이렇게 특별한 경험을 선물해 주는 플레이모빌에 진심으로 감사드립니다. 마지막으로, 제 멘토인 백곰삼촌 님께 소중한 기회를 선물해 주셔서 감사하다는 말씀을 전하고 싶습니다.

까칠씨 플레이모빌 뜨개옷 작가

인스타그램: @mobil_mobil75

Q: 간단히 자기소개 부탁드려요.

안녕하세요. 작고 귀여운 모든 것을 사랑하는 까칠씨입니다^^

Q: 처음 플레이모빌을 접하게 된 계기

20대 어느 날 레고인 줄 알고 선물 받은 4146 사과 농장 플레이모빌이 제 첫 플레이모빌이에요. 레고랑은 다르게 실물과 비슷한 나무와 동물들 그리고 귀여운 얼굴에 반해 플레이모빌에 입문하게 되었어요. 소소하게 혼자 즐기다가 스타벅스 플모대란 때 카페를 알게 되고 더 다양한 플모들을 알게 되어 지금까지 행복한 플레이모빌 덕질을 하고 있답니다.

Q: 플레이모빌과 함께하는 나의 즐거운 일상

플레이모빌 카페를 알고 나서 커스텀의 세계를 접하게 되었는데 그때까지만 해도 몇 개 없는 플모로는 저만의 플모를 표현할 방법이 없더라고요. 그래서 제가 선택한 방법은 뜨개옷을 만들어 입히는 방법이었어요. 감사하게 예쁘게 봐주시는 분들이 많이 계셔서 뜨개 작품으로 다른 컬렉터분들과 소통할 기회가 많아져 더욱 행복하답니다^^

Q: 50주년을 맞이한 플레이모빌에 축하 메시지 부탁드려요.

더 일찍 알지 못했던 게 아쉬울 만큼 너무 예쁜 플레이모빌 50주년을 축하하고, 앞으로도 더 많은 사람들이 플레이모빌을 알고 함께 즐길 수 있길 바라요.

Summerday

로시니팅
플레이모빌 뜨개옷 작가
인스타그램: @rothy_knitting

Q: 간단히 자기소개 부탁드려요.

안녕하세요~ 저는 로시니팅이라고 합니다.

뜨개질로 인형 옷을 만들며, 창의력을 발휘하는 것을 좋아하고, 플레이모빌 장난감을 수
집하는 취미를 가지고 있습니다.

Q: 처음 플레이모빌을 접하게 된 계기

인스타그램에서 본 인친님의 플레이모빌 커스텀 피규어 덕분입니다.

그 피규어에 뜨개옷을 입히는 모습을 상상하며, 작고 귀여운 피규어와 뜨개옷의 조합에

매력을 느껴 플레이모빌에 관심을 가지게 되었습니다.

Q: 소개하고 싶은 나만의 플모 또는 작업물 소개

제가 소개하고 싶은 나만의 플모는 알록달록 수영복을 입은 친구들입니다.

이 친구들을 보고 있으면 저도 모르게 너무 귀여워서 미소 짓게 되며, 제가 만든 뜨개옷과 가장 잘 어울리는 친구들이기도 합니다.

다양한 수영복 스타일과 색감 덕분에 매일매일 새로운 즐거움을 느끼며, 제 뜨개옷 작품들과도 완벽하게 조화를 이루는 모습이 정말 매력적입니다.

Q: 50주년을 맞이한 플레이모빌에 축하 메시지 부탁드려요.

플레이모빌 50주년을 진심으로 축하합니다.

50년 동안 많은 사람들에게 즐거움과 행복, 창의력을 선사해 주셔서 감사하며, 앞으로도 계속해서 멋지고 귀여운 장난감과 플레이모빌을 사랑하는 모든 사람에게 기억에 남는 순간들을 만들어 주시길 기대합니다.

마슈

플레이모빌 뜨개옷 작가
인스타그램: @mashugom

Q: 간단히 자기소개 부탁드려요.

안녕하세요. 마슈입니다. 플모를 좋아해서 옷도 만들어 주고, 데리고 여행도 다니고 예쁘게 사진 찍어 인스타에 올려 저만의 플모 추억을 쌓아두고 있어요.

Q: 처음 플레이모빌을 접하게 된 계기

영플레이모빌로 플레이모빌을 처음 만났었어요. 어렸을 때 동생과 영플레이모빌로 역할놀이 하면서 추억 많이 쌓았었어요. 그러다 대학 때 마트에서 플레이모빌을 파는 걸 보고 너무 반가워서 주섬주섬 다시 사 모으기 시작한 게 벌써 20여 년이 되어가네요.

Q: 플레이모빌과 함께하는 나의 즐거운 일상

코로나 때문에 답답한 방콕 생활을 할 때도 플모는 소소한 즐거움을 주었었어요.
요즘은 여행 때마다 그 장소에 어울리는 여행 친구를 데리고 가는데, 예쁜 옷 입고 한껏 멋을 낸 플모 덕분에 외국 친구들과 스몰톡할 기회도 생겨나더라고요.
"예쁜 옷 입은 이 친구는 이름이 뭐야?"
 - Tmy, 얘 이름은 티미. Travel Mate. T. M
"옷은 네가 만든 거야?"
"티미 인스타그램도 있어?"

Q: 소개하고 싶은 나만의 플모 또는 작업물 소개

제가 제일 좋아하는 곰피스 옷을 입은 플모예요. 모든 일엔 다양한 기억이 공존하지만 그래도 결국엔 좋은 기억이 남으니까요. 이 옷을 입은 플모가 그래요.

Q: 50주년을 맞이한 플레이모빌에 축하 메시지 부탁드려요.

제 삶의 좋은 친구가 되어주어 고맙습니다.

제 아이에게도 또 그 아이의 아이에게도 변함없이 웃는 좋은 친구로 늘 함께해요!

스티츄 플레이모빌 자수 작가

인스타그램: @iam_stitchoo

Q: 간단히 자기소개 부탁드려요.

안녕하세요, 플레이모빌을 사랑하는 스티츄입니다. 손으로 꼼지락꼼지락 만드는 것을 좋아하고 특히, 실과 바늘로 드로잉하는 자수 작업을 좋아합니다.

Q: 처음 플레이모빌을 접하게 된 계기

대학 졸업 후 첫 직장의 건물에서 매년 플레이모빌 행사를 접하게 되었고, 그 이후로 계속 플모의 매력에 빠져들게 되었습니다.

Q: 플레이모빌과 함께하는 나의 즐거운 일상

저의 일상과 언제나 함께하는 플모입니다. 여행을 갈 때도, 일을 할 때도, 제 옆에 늘 함께하며 행복감을 가져다주는 작고 소중한 존재랄까요:)

Q: 소개하고 싶은 나만의 플모 또는 작업물 소개

자수를 이용하여 플레이모빌을 한 땀 한 땀 표현하는 것을 좋아하는데, 그중에서도 최애 플모인 꼬마 버섯을 수놓은 작업물에 가장 애착이 가요. 우리 집 아이에게도 티셔츠에 수를 놓아 입혀주기도 했습니다. 아이도 좋아하고 저 역시 행복한 작업물이었네요.

Q: 50주년을 맞이한 플레이모빌에 축하 메시지 부탁드려요.

제 나이보다 많은 플레이모빌! 50주년 축하합니다. 올해는 우리나라에서도 플레이모빌 전시도 열고 여러모로 의미 있는 해로 기억될 것 같네요.

유진플라
플레이모빌 사진 작가
인스타그램: @yujin_pla

Q: 간단히 자기소개 부탁드려요.

안녕하세요, 저는 서울에 살고 있는 유진플라입니다. 플모에 빠져서 야외, 여행 사진 찍는 것을 취미로 삼고 있습니다.

Q: 처음 플레이모빌을 접하게 된 계기

2021년에 스타벅스에서 플레이모빌 프로모션이 있었습니다. 호기심이 생겨서 스타벅스 앱을 통해 여러 개를 주문하고 직접 받아 보니, 너무 예뻐서 감탄사를 연발하며 열심히 사진을 찍었던 기억이 납니다.

어느 정도 시간이 지난 뒤에, 우연히 네이버 카페에서 플레이모빌 카페가 운영 중인 것을 보게 됐습니다. 즉시 회원 가입을 하고 게시판들에 올라온 다양한 종류의 플레이모빌 창작 사진들을 본 후부터 플레이모빌의 매력에 완전히 빠지게 됐습니다.

Q: 플레이모빌과 함께하는 나의 즐거운 일상

예전에는 우울증으로 인해 삶에 대한 목적이 무엇인지 의문이 있었고, 외로움을 느꼈습니다. 그런데 플레이모빌을 알게 되고, 네이버 카페와 다양한 활동을 통해 배운 노하우들을 사용하여 야외 풍경과 함께 어우러지도록 사진을 찍는 것이 일상의 즐거움이 되었습니다.

그렇게 전국 방방곡곡, 해외로 플레이모빌과 함께 출사를 다니며 마음이 기쁨으로 조금씩 채워

같은 곳을 바라봄

자전거 탄 풍경

지는 것을 느꼈고, 이제는 플레이모빌이 없으면 안 된다는 생각이 들 정도가 되었습니다. 같이 있으면 행복한 플레이모빌, 정말 좋아요!

Q: 50주년을 맞이한 플레이모빌에 축하 메시지 부탁드려요.
이전에는 플레이모빌의 역사가 얼마나 오래되었는지 잘 알지 못했습니다. 플레이모빌에 입문한 후로 알게 된 것은, 독일에서 가장 먼저 역사가 시작된 이후 입소문을 타고 이제는 전 세계적으로 인기와 사랑을 받으며 자리매김하고 있다는 사실입니다.
어느덧 50주년이 된 플레이모빌을 진심으로 축하하고 싶습니다. 앞으로 50주년만이 아니라 100주년, 200주년…. 계속해서 나아갈 플레이모빌을 응원합니다.

 **윤쓰**

플레이모빌 라탄 공예 작가
인스타그램: @uni_yunsseu
네이버블로그: yunsstella

Q: 간단히 자기소개 부탁드려요.
저는 라탄 공예를 하는 윤쓰입니다.

Q: 처음 플레이모빌을 접하게 된 계기
스타벅스 버디 세트를 계기로 플레이모빌에 입덕하였습니다.

Q: 플레이모빌과 함께하는 나의 즐거운 일상
플레이모빌 사이즈에 맞는 미니어처 라탄 소품과 꽃을 만듭니다. 제가 만든 소품들로
플레이모빌을 꾸미며 즐거운 플모 라이프를 하고 있답니다.

Q: 50주년을 맞이한 플레이모빌에 축하 메시지 부탁드려요.

삶의 소소한 기쁨과 행복을 선물해 주는 플레이모빌!

더 많은 분들이 플모 라이프를 즐기게 되길 바랍니다.

플모35　　플레이모빌 한복 커스튬 작가
　　　　　　인스타그램: @lady_plmo_hanbok

Q: 간단히 자기소개 부탁드려요.

안녕하세요. 저는 플레이모빌 수집가이자, 플모에게 한복을 만들어 주는 일을 하는 플모
35라고 합니다. 플모사모나 사모님이라고 불러주시는 분들도 계세요.

Q: 처음 플레이모빌을 접하게 된 계기가 있나요?

저는 가수 H.O.T 장우혁 님의 오랜 팬이에요. 5년 전쯤 장우혁 님의 커스텀 피규어를 만
들어보고 싶어서 열심히 찾아보다가 우연히 플레이모빌을 발견하게 되었어요.

Q: 플레이모빌과 함께하는 나의 즐거운 일상

제 방과 거실에는 플레이모빌이 한가득이에요. 외출할 때도 제 가방 속에는 항상 플모가 들어있는데, 맛있는 것을 먹거나, 좋은 곳을 놀러 가면 늘 함께 즐긴답니다.

요즘은 플레이모빌 그림도 그리고 있어요. 10월에 서울에서 전시도 할 예정이에요! 꼭 놀러 오세요!

Q: 소개하고 싶은 나만의 플레이모빌 또는 작업물 소개

조선시대 궁중 한복과 일상 한복을 입은 플레이모빌들을 소장하고 있어요.

왕, 중전, 상궁, 나인, 선비, 아씨, 처녀 귀신 등등 굉장히 다양한데요, 제가 손으로 한 땀 한 땀 바느질해서 만든 옷들이기 때문에 굉장한 애착을 느끼고 있답니다. 어찌 보면 세상에서 제일 작은 한복일지도 모르겠네요.

저는 어릴 때부터 한복을 좋아했는데, 제가 좋아하는 플레이모빌이 한복을 입게 되면 어떨까 하는 상상으로 한복을 만들게 되었어요. 저는 정식으로 한복 짓기를 배운 사람이 아니에요. 그렇다 보니 시행착오가 정말 많았어요. 그렇지만 그게 점점 쌓여 저만의 스타일이 완성되더라고요. 갓 만들기, 가채 땋기, 용 자수, 옷 짓기…. 어느 것 하나 제 손으로 만들지 않은 게 없네요. 지금은 저를 작가라고 불러주시는 분들도 많으세요. 너무 감사한 일이죠. 그리고 올해 세종대왕 플레이모빌이 국내에서 출시가 되었어요. 저는 세종대왕 플레이모빌이 출시되기 전부터 곤룡포를 만들어서 플모에게 입혀 많은 사람들에게 사진을 공유해왔어요. 그런데 세종대왕이 진짜 피규어로 출시되다니! 정말로 놀라운 일이었어요! 저는 앞으로도 플레이모빌을 위한 한복을 계속 만들 생각이에요.

Q: 50주년을 맞이한 플레이모빌에 축하 메시지 부탁드려요.

한국에서 사람의 인생은 60부터라는 말이 있는데요, 플레이모빌의 찬란한 역사도 이제 시작이 아닐까 생각해 봅니다! 늘 언제나 플레이모빌의 앞날을 응원할게요! 사랑해요! 플레이모빌!

플레이모빌 무비클럽
플레이모빌 코스튬 및 영상 작가
유튜브: @playmobilmovieclub

Q: 간단히 자기소개 부탁드려요.

플레이모빌 커스텀과 스톱모션 영상 작업을 하는 플레이모빌 무비클럽의 최감독입니다. 스톱모션 촬영을 통해 살아 움직이는 플레이모빌 작품을 만들고, 그 플레이모빌들이 다양한 감정을 표현할 수 있도록 표정을 디자인하는 작업을 하고 있습니다.

Q: 처음 플레이모빌을 접하게 된 계기

초등학교 때, 지금도 많은 사람들의 기억에 있는 영플레이모빌 광고를 통해 처음 접하고 용돈을 모아 동네 완구점에서 제품들을 조금씩 구입했던 기억이 납니다.

Q: 플레이모빌과 함께하는 일상의 목표가 있다면?

아직도 플레이모빌을 잘 모르거나 레고라고 부르는 사람들이 대부분인 것 같습니다. 저의 첫 번째 목표는 플레이모빌의 인지도를 레고 수준으로 끌어올리는 것이고 최종 목표는 플레이모빌을 수집하는 사람들을 모두가 존중하는 사회로 만드는 것입니다. ^^;;

Q: 소개하고 싶은 나만의 플레이모빌 작업물과 앞으로의 바람은?

최근 국내 아이큐박스의 노력으로 세종대왕 피규어가 출시되긴 했지만, 플레이모빌 본사에서 아직은 독자적으로 한국 관련 제품들을 출시하지 않고 있습니다. 때문에 한국 컬렉터들은 한국적 정서의 제품에 오랫동안 많은 갈증을 느끼고 있습니다. 저 또한 그중의 한 명이고 부족하지만 한국을 소재로 한 플레이모빌 커스텀 작업을 하기도 했습니다.

K드라마가 글로벌 시장에서 많은 인기를 누리고 있는 만큼 플레이모빌에서도 한국의 전통 복식이 등장하는 드라마의 라이선스를 확보해 다양한 한복 제품을 출시해 주기를 희망합니다.

Q: **50주년을 맞이한 플레이모빌에 축하 메시지 부탁드려요.**
오랜 시간 동안 고생 많았고, 앞으로도 많은 사람들을 행복하게 해주는 플레이모빌로 더욱 발전할 수 있기를 기원합니다.

02 슬기로운 취미 생활

저 백곰삼촌은 서울에서 작은 플레이모빌 공방을 운영하고 있습니다. 일종의 비밀 아지트스러운 공간인데, 이 12평 남짓한 공간에서 플레이모빌로 함께 할 수 있는 다양한 커뮤니티를 주관하고 있습니다. 차근차근 소개를 드려볼까 합니다. 누구나 참여할 수 있는 프로그램입니다.

★ 나만의 개성을 만드는 플레이모빌

플레이모빌이 가지는 역사와 인기에 비해 국내에서는 플레이모빌을 매개로 한 오프라인 모임이나 커뮤니티가 크게 활성화 되어있지는 않습니다. 플레이모빌은 혼자서 즐겨도 물론 재미가 있지만, 사람들끼리 모여서 조립과 커스텀 등을 함께하면서 다양한 결과물을 만들고 소통한다면 훨씬 더 즐거운 경험을 할 수 있다고 생각합니다. 그래서 많은 이들과 플레이모빌이 주는 행복을 나누고자 몇 가지 프로그램을 기획하고, 모임 공방을 개설했는데요, 이름하여 '백곰삼촌의 플레이모빌 공방'입니다.
플레이모빌은 본래 아이부터 어른까지 누구나 마음에 담을 수 있는 매력이 있는 덕분에, 아이들부터 직장인까지 시간대별 참여 가능한 클래스 형식으로 성장하고 있습니다.

백곰삼촌의 플레이모빌 공방과 피규어 만들기 모임 진행 모습

모임을 진행하는 몇 가지 프로그램 중에서도 '나만의 피규어 만들기' 모임의 경우엔 플레이모빌 피규어의 분해가능한 파츠 단위부터 하나하나 직접 조합해 보며 세상에 없는 나만의 피규어를 만들고, 모임을 함께하는 참여자들끼리 직접 자신이 만든 피규어를 소개하는 시간을 갖습니다.

그런데 아이러니하게도 모임을 준비할 땐 미처 생각하지 못했던 큰 깨달음이 있었습니다. 처음엔 단순히 플레이모빌에 관심 있는 사람들 간의 하루 모임 정도로 생각했지만, 이 시간을 통해 참여자 개개인들이 본인의 피규어를 만들고 소개하는 과정을 통해 플레이모빌이 힐링과 테라피의 기능이 있다는 것을 알게 되었거든요.
7.5cm의 작은 피규어지만 그 안에 내재된 자신의 모습이 느껴지기에 참여자분들도 힐링을 경험하셨던 것 같습니다.

작게 시작한 공방 모임은 어느새 찾아주시는 분들이 늘어가고 있습니다. 플레이모빌 코리아 이벤트 현장에서부터 아이들을 위한 커뮤니티 카페들 그리고 여러 기업 임직원 간 소통을 위한 워크숍까지! 플레이모빌을 통해 화합과 힐링, 스트레스 케어 등을 통해 다양한 장소에서 내가 좋아하는 브랜드를 경험할 수 있는 브랜드 밸류 업 brand value up 클래스로 진화하고 있습니다.

공방 내 준비된 파츠들로 조합하여 새롭게 만든 피규어들

다양한 장소에서 다양한 사람들과 함께 플레이모빌로 소통하며 모임을 진행하는 백곰삼촌

그 중심에서 저, 백곰삼촌은 더 다양한 공간에서 플레이모빌을 즐기고 경험할 수 있도록 장소 기반 모임과 더불어 플레이모빌이 가진 브랜드의 철학과 제품에 대한 즐거운 소개, 리뷰 등을 현장에서 직접 사람들과 생생하게 나눌 수 있는 체험형 기회들을 계속 고민하고 있습니다. 말 그대로 행복을 전하는 장난감 가게 아저씨입니다.

라이프스타일 브랜드와의 컬래버를 통해 플레이모빌을 소개하는 백곰삼촌

★ 마니아들이 함께 즐기는 플레이모빌 (플레이모빌 온라인 커뮤니티)

플레이모빌을 사랑하는 사람들이 점차 늘어나면서 키덜트가 가장 좋아하는 장난감으로 플레이모빌이 선정될 만큼 국내 인지도가 많이 올라왔습니다. 그리고 좋아하는 데만 그치지 않고 한 걸음 더 나아가 정보교환 및 나만의 피규어 자랑, 물물교환까지 다양한 잉벤트가 활성화되고 있습니다. 이제 온/오프라인 커뮤니티는 플레이모빌을 좋아하는 사람들에게 즐거운 아지트가 되어주고 있는데요. 그중에서도 대표적인 커뮤니티 몇 군데를 소개합니다.

{1} 플모랜드 (국내 최대 플레이모빌 커뮤니티)

cafe.naver.com/plmoland

2006년에 개설되어 지금까지 약 2.4만 명의 회원을 보유한 네이버 카페 커뮤니티, 플모랜드는 세상에서 가장 아름다운 장난감!! 플레이모빌을 사랑하는 모든 사람에게 열려있는 카페입니다. 카페 가입을 하고 나면 가장 눈에 띄는 메뉴는 내 플모 자랑하기와 플레이모빌 리뷰입니다. 회원들이 직접 작성하는 플레이모빌과 함께하는 다양한 사진과글, 감성과 취미에 대한 수많은 이야기가 활발하게 소통되고 있습니다. 게다가 플레이모빌 관련 뉴스 및 신제품 발매 소식 등도 빠르게 접할 수 있습니다. 가입하고 나면 어느새 몇 시간이고 카페에서 시간을 보내는 자신을 발견할 수 있을 것입니다.

{ 2 } PCCK (Playmobil Collectors Club Korea)

cafe.naver.com/pcck

독일 플레이모빌 본사에서 운영했던 PCC_{Playmobil Collectors Club}을 그리워하는 사람들이 아쉬움을 달래보고자 만든 공간입니다. 플레이모빌에 대한 여러 가지 토픽에 대해 누구나 자유롭게 의견을 나눌 수 있습니다.

PCCK는 회원 간의 신뢰를 바탕으로 자율적인 카페 활동을 유지하고 있습니다. 그리고 카페에서 일어나는 모든 이슈에 대한 운영진의 개입은 최소화하는 것을 운영 원칙으로 삼고 있습니다.

해외 컬렉터들의 마음마저 흔들리게 만든 대한민국 한정판 플레이모빌의 발매가 계속되고 있는 요즘입니다. 새로운 플레이모빌에 대한 가장 빠른 정보를 만나보고 싶으시다면 PCCK로 놀러 오세요!!

{ 3 } 플플그라운드 (PLPL Ground)

cafe.naver.com/ppfam

함께 노는 것이 즐겁다. 플레이모빌을 대표하는 온라인 커뮤니티가 있다면, 실제 오프라인에서 소통하고 싶은 사람들과 모임을 갖는 놀이터를 소개합니다. 이름하여 플플 Playmobil People -그라운드!

2023년 개설된 플플그라운드는 백곰삼촌이 직접 운영하는 네이버 카페 커뮤니티로, 플레이모빌을 통해 느끼는 작고 소소한 행복을 전시와 이벤트라는 기획을 통해 매년 즐거운 페스티벌을 벌이는 목적으로 시작한 커뮤니티입니다. 내가 만든 플레이모빌 피규어, 내가 그린 플레이모빌 일러스트, 내가 만든 플레이모빌 디오라마 등 다양한 형태의 작품들을 통해 다른 사람들과 소통하고 싶은 분들을 환영합니다.

플플그라운드에서는 '플플마켓'이라는 프리마켓을 통해 각자가 만든 개성 있는 상품들을 소개하고 구매할 수 있는 이벤트를 정기적으로 개최하고 있습니다. 플레이모빌을 사랑하는 사람들이라면 누구에게나 활짝 열려 있습니다.

03 장난감을 넘어서는 작품, 플레이모빌 이야기

★ 공간으로 만나는 플레이모빌: 호텔, 병원, 카페, 백화점

플레이모빌을 일상 곳곳에서 만난다면 얼마나 신날까요? 플레이모빌의 공식 수입원인 IQBOX에서는 다양한 방식으로 적극적인 프로모션들을 진행해 왔습니다. 그중에서도 대표적인 사례들을 몇 가지 소개해 드릴까 합니다.

{1} 파라다이스 시티 원더박스: 플레이모빌 스튜디오

기존 놀거리가 많은 가족형 실내 테마파크인 원더박스는 놀이와 축제가 하나가 된 형태로 즐거운 이벤트가 끊임없이 연속되는 공간입니다. 이곳에 함께했던 플레이모빌 스튜디오는 원더박스 곳곳에 스탠딩 피규어를 설치해 팝업스토어 안내를 해주었으며, 플레이모빌 마니아들이 보면 좋아할 만한 아트존, 사진을 직접 가져갈 수 있는 포토존 등을 통해 관람객들을 매료시켰습니다.

내부로 들어가면 광선처럼 빛나는 조명 아래 환상적인 광경이 펼쳐지는데, 늠름한 스탠딩 피규어들과 움직이는 디오라마들을 구경보다 보면 어느새 정크아트 포토존! 관람한 날의 추억을 멋진 사진으로 출력할 수도 있었답니다.

가족 중심의 체험형 전시를 진행했던 파라다이스 시티 내부

{ 2 } 강동성심병원: 플레이모빌 어린이 예술 체험 클래스

병원에서 만나는 플레이모빌이라니, 뭔가 신기하기도 합니다. 이곳 예술 체험 클래스에서는 대기 중인 환자, 보호자 그리고 의료진 누구나 참여할 수 있는 맞춤형 예술 프로그램을 다양하게 선보이고 있는데요. 그중에서도 체험 팝업 존에서 진행되었던 '플레이모빌과 함께 화성으로 떠나는 어린이 예술 체험 클래스'를 소개합니다.

이곳에서는 상상 속 인물을 플레이모빌로 조립해 만들어보는 특별한 경험을 할 수 있습니다. 게다가 특정 주제와 스토리텔링을 부여해 체크인 카드 등을 작성하는 시간도 갖습니다. 재미에 의미를 더해가는 것이죠. 병원에서의 오랜 기다림을 지루해하지 않고 즐거운 추억으로 만들 수 있는 예술 체험 클래스는 플레이모빌과 잘 어울리는 것 같습니다.

병원에서 진행되는 플레이모빌 맞춤형 클래스

{ 3 } 스타필드 하남: 플레이모빌 산타 빌리지

매년 연말이 되면 부모님들은 아이들과 함께 춥지 않은 실내 이벤트장들을 찾아다니곤 하죠. 2023년 겨울 국내에서 가장 큰 규모의 복합 판매시설인 스타필드에서 플레이모빌 대형 겨울 이벤트가 진행되었습니다. 쇼핑몰 중심부의 아트리움을 가득 채우는 5미터 사이즈의 거대한 플레이모빌 산타가 팝업 이벤트가 열리는 공간을 화사하게 만들어주었습니다.

현장에서는 매우 특별한 이벤트가 진행되었습니다. 매시 정각, 어린이를 대상으로 플레이모빌 키링 만들기 무료 체험 행사가 열린 것입니다. 이 행사는 백곰삼촌이 재료부터 준비 도구까지 초반 세팅에 대한 팁을 전수하였답니다. 부모님도 함께 참여가 가능하다보니, 행사 기간 동안 3000명 가까이 참여하여 호응이 매우 좋았던 행사였습니다.

스타필드 하남에서 진행된 겨울맞이 산타 팝업 이벤트

{ 4 } 문화역서울284: 비밀의 성탄역

플레이모빌이 공간을 통해 만나는 방식은 계속해서 진화합니다. 근대건축물로서 의미

문화역서울284에서 진행된 크리스마스 맞이 판매+전시를 보여준 플레이모빌

가 있는 서울역 공간을 통해 크리스마스와 연말연시에 선물하기 좋은 90여 개의 브랜드 제품을 한자리에서 만나는 전시 판매 공간이 오픈을 하였습니다.

그중에서도 플레이모빌은 2층에 위치하였고, 복도에는 포토존, 판매전시실 내부에는 XXL 피규어들이 다양한 플레이모빌들을 소개하듯 배치되어 각 파트마다 판매자가 서 있는 듯한 느낌을 주어 호기심을 충족시켜 준 즐거운 이벤트였습니다.

{ 5 } 보마켓: 플레이모빌 윌토피아 팝업

동네의 가치를 바꾸고자 노력하는 '생활 밀착형 동네 플랫폼' 보마켓BOMARKET과 플레이모빌이 만났습니다. 이번 전시+판매 캠페인의 주제는 "아마존을 지켜요! 플레이모빌" 이었습니다. 플레이모빌을 만드는 플라스틱 소재를 지속 가능한 소재로 이용하고, 친환경적 제조 환경을 통해 지구를 보호하자는 취지였습니다.

실제 윌토피아 시리즈는 버려지는 냉장고 등에서 얻은 재활용 원료를 활용해 제품을 제조하고 있으며, 제품뿐만 아니라 외부 포장 또한 100% 재활용된 판지나 종이 등을 활용한다는 점을 소비자들에게 적극적으로 알리는 행사였습니다. 제품을 사는 부모와 아이들에게 환경에 대한 새로운 생각을 갖게 해주는, 의미있는 자리였습니다.

보마켓 신촌에서 진행된 윌토피아 플레이모빌 팝업, 플레이모빌 자판기

★ 전시로 만나는 플레이모빌:
성남문화센터, 롯데백화점 미술관, 더쇼룸

본격적인 전시를 기획하는 것은 단순히 공간에 진열하는 것과 완전히 다른 문제입니다. 그럼에도 플레이모빌 공식수입원 IQBOX에서는 판매를 위한 홍보나 마케팅의 목적이 아니라, 플레이모빌이 한국 시장에서 하나의 놀이 문화로 자리 잡기를 바라는 진심을 가지고 관련 작가, 팬, 일반인들과 함께할 수 있는 기회를 매년 만들어 오고 있습니다.

성남아트센터에서 진행된 플레이모빌 아트전

{1} 성남문화센터: 〈플레이모빌 아트展〉

성남아트센터 개관 10주년을 기념해 국내 최대 규모로 열린 플레이모빌 아트전입니다. 해당 전시는 아이들의 시선을 단번에 사로잡았던 구성이었는데요. '놀이'가 예술을 즐기는 새로운 대안이 된 것에 착안해 예술을 쉽게 이해하고 재미를 느낄 수 있는 요소들로 구성하여 아이들뿐만 아니라 3040 키덜트 세대의 마음까지 매혹시켰던 전시였습니다.

특히 총 6가지로 구성된 전시는 플레이모빌의 모든 것을 보여주었습니다. 본격적인 관람에 앞서 'HISTORY' 섹션에서 플레이모빌의 기초적인 이해를 도운 후, 각 주제별 영상이 준비된 공간과 디오라마 전시가 열리는 '플레이모빌 월드'를 만났으며, 특히 이번 전시의 하이라이트였던 전 세계 곳곳에서 활동하는 작가들의 시선으로 패러디한 플레이모빌의 해석들이 다채롭게 공간을 메웠습니다.

{ 2 } 롯데갤러리: 플레이모빌 미술관에 가다

21세기 컬렉터를 주제로 작가 4인의 소장품과 애착품, 작품 등을 한자리에 모아 개성이 넘치는 공간으로 꾸몄던 전시였습니다. 섬세한 시선으로 각자의 감성을 담아낼 수 있었던 해당 전시는 현장 판매 한정판 굿즈들도 상당히 인기가 있었는데요. 공간 자체는 실내였으나 전시장 입구나 밖, 쇼윈도에서도 이중 삼중으로 볼거리와 이벤트가 연속으로 진행되어 다양한 즐거움을 선사했습니다.

롯데갤러리에서 진행된 '플레이모빌 미술관에 가다' 전시

{ 3 } IFC MALL: 플레이모빌 스타벅스 컬래버 기념 특별 전시 〈BUDDY展〉

스타벅스 플레이모빌 하면 생각만 해도 설레입니다. 실제 등장과 더불어 어마어마한 이슈몰이를 하고 다녔던 한정판 피규어들에 수많은 사람들이 그 디테일한 감성에 공감하고, 플레이모빌이 가진 작지만 무한한 가능성과 마주했습니다.

당시 플레이모빌과 스타벅스의 컬래버는 세계 첫 시도로, 스타벅스의 직원인 '파트너'와 소중한 고객 '버디'를 플레이모빌로 구현했던 이벤트였습니다. 이런 특별한 컬래버레이션을 기념하여 국내외 플레이모빌 마니아 작가 5인도 버디 전에 작품을 선보이며 특별 전시를 했었는데요.

IFC몰에서 진행된 플레이모빌 X 스타벅스 특별 전시 버디 전

해당 기간 스타벅스에서는 전시장 외에도 버디 라운지를 운영하며 몇몇 장소에서 150cm 크기의 대형 스타벅스 파트너 'JOY & JUN'을 만날 수 있는 이벤트를 진행했습니다. 코로나 팬데믹으로 지친 사람들에게 신선한 즐거움과 작지만 큰 행복을 전달해 주었던 인상 깊었던 시간이지 않았나 싶습니다.

{ 4 } 신사동 더쇼룸: 〈PLAYMOBIL PLAY MOVIE〉展

이 전시는 〈PLYAMOBIL PLAY MOVIE〉라는 이름으로 꾸며진 전시 공간입니다. 커스터마이징, 일러스트, 사진 등으로 좋아하는 영화를 플레이모빌을 통해 재해석한 작품들로 구성되었습니다. 기존에 각자의 작품을 내건 방식에서 한 단계 진화해 특정 테마를 두고 전시를 완성해 나간 기획과 결과물들이 매우 특별했던 전시였습니다. 건물 주변으로

신사동 더쇼룸에서 진행된 PLAYMOVIL PLAY MOVIE 전시

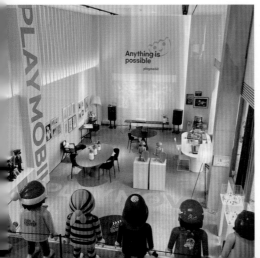

포토존과 음료 공간을 배치하여 VIP 관람객들로 하여금 편안하게 휴식을 취할 수 있도록 알차게 동선을 구성하고 외부 디스플레이에도 신경 쓴 점에서 세심한 배려가 느껴졌습니다.

{ 5 } 서울생활문화센터 신도림: 어른이세상 〈플플그라운드〉展

플레이모빌을 사랑하는 사람들의 놀이터, 플플그라운드PLPL GROUND의 어른이 세상 페스티벌을 소개합니다. 해당 전시는 백곰삼촌이 운영하는 플레이모빌 공방을 중심으로 플레이모빌 피규어 만들기 등에 참여하셨던 분들, SNS 등을 통한 공개모집에서 전시 스태프 및 참여자를 구성하여 약 80명의 플레이모빌 마니아분들과 한바탕 노는 시간을 가졌습니다.

플레이모빌 사진을 사랑하시는 분들은 사진으로 참여하고, 피규어를 만들어서 디오라마를 연출하실 분들은 액자로 제작하여 참여하였습니다. 현장에서 이루어진 원데이 클래스는 모두 무료로 진행되어 시민들과 함께 플레이모빌을 즐겼던 축제라고 할 수 있습니다. 무엇보다 플리마켓을 통해 플레이모빌 관련 굿즈를 제작하시던 분들이 직접 자유롭게 판매하시고, 판매수익금의 일부를 어려운 곳에 기부했던 아름다운 행사였습니다. 성숙하고 따뜻한 전시의 높은 수준을 보여주었던 행사로 기억에 남습니다.

플플그라운드(백곰삼촌)에서 진행한 플레이모빌 전시 및 원데이 클래스 행사

04 백곰삼촌 플레이모빌의 나라, 독일에 가다!

★ 플레이모빌 펀파크(Funpark) 및 펀스토어(Funstore) 방문기

플레이모빌을 사랑한다면, 꼭 와봐야만 하는 곳! 플레이모빌의 본사가 위치한 뉘른베르크 펀파크와 펀스토어입니다. 제가 할 수 있는 이야기는 다 정리했다고 생각했는데, 50주년 행사를 위해 독일을 다녀와서 사진을 정리하다 보니 방문 2일 차에 뉘른베르크 토이페어 플레이모빌 부스에 VIP로 참관, 저녁에 50주년을 축하하는 디너파티와 펀스토어에 방문했던 기억이 새록새록 떠올랐습니다. 어쩌면 독일을 다녀온 가장 큰 이유는 플모 덕후에겐 성지순례와도 같은 이곳을 방문하기 위해서였을지도 모르겠습니다.

하지만 제가 방문했던 2월은 펀파크가 잠시 다음 개장을 위해 쉬는 시기. 아쉽지만 다음에 가족과 함께 다시 오기로 하고, 입구에서 인증샷만 찍고 바로 옆에 위치한 펀스토어에 들렀습니다.

뉘른베르크에 위치한 플레이모빌 펀파크, 펀스토어 그리고 호텔

우선 어마어마한 스토어 규모에 놀라고, 레츄자와 플레이모빌이 한 공간에서 나란히 있는 모습에 또 한 번 흠칫 놀랐습니다. 게다가 국내 스토어에서는 만날 수 없었던 특별한 상품들 및 부품들을 단독으로 판매하는 것들을 보면서 너무 부러운 나머지 정신없이 카트를 하나둘 채워나갔습니다.

그러다 보니 어느새 디너 파티 시간! 바로 옆 건물로 이어진 대형 실내 공간으로 이동했습니다. 그 안에서 한겨울을 맞이한 펀파크 공간들을 일부나마 경험할 수 있어서 굉장한 만족을 느꼈습니다. 특별히 행사를 위해 꾸며놓은 부분도 있겠지만, 펀파크가 개장하는 시기에는 누구나 식사와 휴식을 즐기는 공간이라는 설명을 들었는데, 특히 직접 관람객이 플레이모빌 피규어가 되어 공간을 경험할 수 있게 1:1 스케일로 만들어둔 장난감

펀스토어에서 판매 중인 다양한 상품들과 레츄자 코너의 모습

과 똑같은 형태의 건물들과 오브제들은 매우 인상적이었습니다.

이윽고 시작된 50주년 행사! 데이블마다 놓아진 50주년을 축하하는 다양한 피규어들과 먹거리 아이템들, 그리고 환상적인 쇼까지…. 전 세계 플레이모빌을 사랑하는 수많은 사람들이 함께 했던 행사라서 더더욱 즐거웠던 시간이었습니다. 플레이모빌이여, 앞으로도 많은 이들에게 행복을 전해주길!!

펀파크 아트리움 내에 위치한 시티라이프 하우스와 성의 모습들, 실제 내부 공간 경험이 가능.

플레이모빌 50주년 파티 이모저모

★ 플레이모빌 펀파크 및 호텔 이용법

2000년 문을 연 Playmobil FunPark는 플레이모빌 본사 옆에 있습니다. 흔히 놀이공원 이라고 하면 대형 놀이기구를 상상하겠지만, 이곳은 그런 놀이 기구가 전혀 없는 그저 광활한 놀이동산입니다. 대신 대화형 놀이터, 마법의 판타지 랜드, 호화로운 해적선, 멋 진 성 등 놀이할 장소가 가득합니다. 이곳에서 아이들은 모든 곳을 오르내릴 수 있으며, 상상력을 발휘해 마음껏 놀 수 있습니다. 이 펀파크 놀이공원의 콘셉트가 "놀고, 움직이 고, 경험한다."라면 더 쉽게 이해가 되실 겁니다.

놀이터는 슬라이드, 거대한 바운싱 필로우, 모험의 나무집, 실물 크기의 플레이모빌 피 규어들로 가득합니다. 미니 골프 코스에서 누가 이길지 대결하거나, 고카트를 타고 서로 를 쫓아갈 수 있습니다. 또 더운 여름날엔 아이들은 인어 왕국에서 인어와 함께 물놀이 를 즐기거나, 겨울엔 스케이트장을 즐기며 계절마다 즐거운 경험을 할 수 있습니다.

펀파크에서는 호텔도 운영하고 있는데, 호텔을 이용하면 무료로 펀파크에 입장을 할 수 가 있답니다! 이는 호텔과 티켓을 별도로 예약하는 것보다 더욱 저렴하답니다.

단, Playmobil FunPark는 11월까지 매일 오전 9시부터 오후 7시까지 운영되며, 티켓은 온라인에서 구매해야 합니다.

펀파크
사이트

놀고 움직이고 경험하는 플레이모빌 펀파크

★ 시내 곳곳에서 만날 수 있는 플레이모빌

1) 독일 국제완구박람회 (spielwarenmesse)

세계 최대 장난감 전시회인 슈필바렌메세, 2024년에도 어김없이 열렸습니다. 올해는 약 2,750개 기업, 참관객 6만여 명에 달하는 규모로 진행이 되었는데, 이 중에서 플레이모빌관은 12구역에 자리했고, 상당히 큰 부스였습니다. 2024년 이후 출시되는 신제품들을 비롯해 지구와 환경을 생각하는 플레이모빌의 새로운 도전과 철학, 각 국가별 비즈니스가 한자리에서 이루어지는 매우 분주한 분위기였습니다.

가장 빠른 플레이모빌을 만나고 싶다면, 매년 오픈하는 슈필바렌메세에 참여하시면 미리 만나는 플레이모빌로 설렘이 가득하지 않을까 싶습니다.

독일 국제완구박람회의 플레이모빌 부스 전경

2) 뉘른베르크 장난감 박물관 (Spielzeugmuseum)

이 박물관은 창립자 부부가 직접 수집한 12,000여 종의 장난감을 통해, 600년 이상의 역사를 지닌 뉘른베르크 장난감 문화와 전통을 후대에 계속 알리기 위한 목적으로 만들어진 완구 전문 박물관입니다. 여러 전시실을 통해 나무 장난감부터 대형 레일을 재현한 열차 장난감까지 다양한 종류의 장난감들을 둘러볼 수 있는데, 여기에서도 저는 플레이모빌을 만났음에 매우 기뻤습니다.

1977~78년에 제작된 플레이모빌 독일항공 버스Lufthansa와 1974~76년 처음 출시된 클래식 클릭키 피규어와 소품들의 모습! 시간을 거슬러 올라간 듯한 느낌을 주는 환상적인 공간이었습니다. 특히 중간층에 위치한 플레이모빌 피규어들을 기둥에 차곡차곡 쌓아 올린 디오라마 기둥에는 대체 몇 개의 피규어가 사용되었을지 궁금할 정도로 한참을 보고 있게 만드는 특별한 아이템이었습니다. 뉘른베르크 장난감 박물관에 가시면 꼭 보시길 추천해 드립니다.

뉘른베르크 완구 박물관 내 플레이모빌의 다양한 전시 현황

3) 탈리아 서점 (Thalia)

탈리아는 독일의 서점 체인으로 독일 외에도 다양한 유럽 각국에 체인을 운영하는 대형서점입니다. 우리나라로 따지면 교보문고랑 비슷하다고 볼 수 있겠네요. 뉘른베르크 시내에서도 쉽게 만날 수 있었기에 혹시 플레이모빌을 만날 수 있지 않을까 하는 마음으로 방문해 보았습니다. 70458, 70884 서점 점원 남녀 시리즈도 있었기에, 신상이라도 있으면 바로 집어올 생각이었지요. 그런데 사이즈가 제법 큰 박스가 눈에 들어왔습니다. 물음표 3개, 3명의 탐정 시리즈로 출시된 탈리아와 플레이모빌의 컬래버 제품 71383이었습니다.

탈리아 서점은 책만 파는 공간이라기엔 다양한 굿즈나 아이템들이 많았는데, 특히 가족이나 친구들과 와서 책을 읽을 수 있도록 마련해 둔 벤치 등도 인상 깊었습니다. 아울러 플레이모빌 잡지들, 나루토 시리즈들, 71461 Village People 제품들도 이곳에서 만날 수 있다는 게 너무 부럽더군요.

탈리아 서점 전경과 안에서 만날수 있는 다양한 플레이모빌 제품들

05 플레이모빌 50주년 전시
"We Love Playmobil"

플레이모빌의 나라, 독일 현지에서는 2024년 플레이모빌 50주년을 기념해 플레이모빌의 생일을 1년 내내 축하하고 있습니다. 2023년 10월 1일부터 2024년 9월 15일까지 약 1년 남짓 진행되고 있는 기념 전시는 이 책에서도 인터뷰를 진행한 디오라마 아티스트 올리버 쉐퍼Oliver Schaffer와 협력하여 구성했으며, 1,000㎡ 규모에 매력적인 비디오 쇼, 디오라마, 수많은 인터랙티브 체험 등을 다각도로 경험할 수 있습니다.

진입하자마자 홀로그램이 관람객들을 맞이하고 있는데, 플레이모빌 피규어의 시작을 알리는 최초 클릭키 3종과 도면 포스터의 웅장함이 마음을 설레게 합니다.

슈파이어 박물관에서 진행되는 플레이모빌 50주년 전시

전시장 입구에서 관람객을 맞이하는 홀로그램 플레이모빌 피규어들

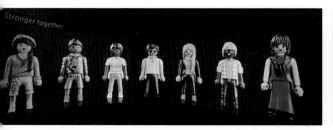

어디에서도 쉽게 볼 수 없는 전시가 등장합니다. 바로 플레이볼루션PLAYvolution, 클릭키 피규어의 시간 변천사를 한눈에 보여주는 연도별 피규어입니다. 1974년 피규어부터 현재의 피규어까지 실물 그대로 만날 수 있는 가장 가치 있고 특별한 공간입니다.

클릭키의 연도별 변천사를 보여주는 플레이모빌 피규어들

본격적으로 전시장 내부로 들어가면 공간마다 테마별로 어마어마하게 큰 대형 디오라마가 펼쳐집니다. 그 구성의 양과 크기도 놀랍지만, 전체적으로 디오라마를 보다 완벽하게 만들어주는 건 연출을 하기 위해서 바닥과 천장, 케이스까지 꼼꼼하게 어색함 없이 마무리를 해주고 있는 형태와 소리에서 오는 오감형 전시 구성 덕분인 것 같습니다. 게다가 중간중간 실제 아이들과 플레이모빌을 즐길수 있는 체험형 가족 중심의 공간들을 많이 비워둔 것이 인상적입니다.

가족중심의 체험형 전시구성을 하고 있는 플레이모빌 50주년 전시장 내부

모든 전시가 종료되면 제품과 굿즈를 판매하는 샵을 방문할 수 있는데, 이번 50주년 전시를 협업했던 디오라마 아티스트 올리버 쉐퍼의 투명한 하트 풍선을 든 한정판 제품도 만날 수도 있습니다.

50주년 기념 피규어

06 플레이모빌 맨션: 50주년 기념전

메인 전시 공간인 '뉴스뮤지엄 연희'는 1973년 지어진 연희동의 전형적인 2층 양옥인 '불란서 주택'을 리노베이션해 기획 및 운영을 하는 공간입니다. 이곳에서 타운형 전시로 플레이모빌 기념전을 진행하였는데요. 인트로에서 이번 전시를 이렇게 소개하고 있습니다.

'천진하게 미소 짓는 얼굴로 전 세계 어린이들에게 무한한 상상의 세계를 선물해 온 플레이모빌이 올해로 50주년을 맞이하였다. 때로는 의사가 되어 환자를 진료하고, 때로는

플레이모빌 50주년 기념전이 열리는 연희동 뉴스뮤지엄, 플레이모빌 맨션

경찰이 되어 마을을 지키기도 하는 어린이들의 자유분방한 상상과 역할놀이에 착안하여 플레이모빌은 다양한 코스튬을 기획하고 피규어에 적용해 왔다. 그래서 이번 전시는 플레이모빌의 트레이드마크라 할 수 있는 페르소나에 초점을 맞춰 지난 50년의 발자취를 돌아본다.'

페르소나Persona란 원래 연극에서 쓰이는 탈을 말하는데요. 다시 말해 어떤 캐릭터를 말합니다. 역할놀이를 위한 어떠한 캐릭터! 플레이모빌이 처음 피규어를 만들고 50년간 9,300여 종의 캐릭터를 하나씩 하나씩 시대적 세계관을 캐릭터마다 입혀오면서 애쓴 흔적들을 '6개의 방'으로 나타내고 있습니다.

시대적 트렌드에 맞게 6명의 캐릭터를 MBTI로 나누어 구성하고, 각자의 라이프스타일 속에서 작품들을 하나하나 선보이고 있는데요. 작은 것부터 큰 것까지, 낮은 공간에서 높고 넓은 공간까지 다채롭게 느껴지는 스케일에 더욱 스펙타클하게 전시를 둘러볼 수 있었습니다.

플레이모빌 50주년 기념 전시 도록

★ 플레이모빌 맨션에 입주한 여섯 명의 캐릭터

- **힙스터 (Brian / ENFP):** 30만 명의 구독자를 보유한 유튜버로 친구들과 어울리는 것을 즐기는 외향적인 힙스터, 브라이언
- **몽상가 (Luna / INFP):** 조용하고 내성적이지만 때 묻지 않는 순수함과 풍부한 상상력으로 인어가 되는 꿈을 꾸는 몽상가, 루나
- **가드너 (Jardi / ISFJ):** 종종 꽃과 씨앗을 이웃에게 선물하는 온화한 성격으로 희귀한 씨앗을 큰 크기의 식물로 길러내는 정원사, 자르디
- **피에로 (Charlie / ESFP):** 어린 시절 관람한 〈태양의 서커스〉에 매료되어 세계 각지에서 공연하며 무대의상과 소품을 수집하게 된 맥시멀리스트 피에로, 찰리
- **가족 (Jackson / ENFJ):** 어린 시절부터 버섯을 좋아해 종종 부모님과 산에서 야생버섯을 관찰하곤 하며 항상 버섯 모자를 쓰고 다니는 소문잔 '버섯돌이', 잭슨
- **학자 (Sophia / ISTP):** 플레이모빌에 푹 빠져 책이 가득한 다락방 서재에서 플레이모빌 세계관을 연구 중인 저명한 인류학자이자 교수, 소피아

특히 페르소나의 하이라이트는 주민증을 발급해 주는 이벤트입니다. 20종의 주민증 중에서 나와 어울리는 주민증을 발급하여 맨션으로부터 주변 빌리지까지 확장된 세계관으로 전시장 이상의 연계성을 구성한 연희동 일대의 각 스팟들은 라이프스타일 토이로서 우리의 일상에서도 함께 자연스럽게 만날 수 있는 플레이모빌의 존재감을 드러내고 있습니다.

작가들의 플레이모빌 작품부터 세종대왕 피규어 소개 및 굿즈까지

이번 기념전에서는 전시 외에도 작가들과 함께하는 프로그램들도 동시에 운영되어 직접 피규어를 제작하거나 굿즈를 만들어보는 체험을 통해 플레이모빌이 가진 다양한 매력을 직접 경험할 수 있는 형태의 모임들도 상시 열려 더욱 의미가 있는 전시가 되었습니다. 게다가 마을 단위의 인포메이션 웰컴 센터도 운영하여, 온/오프라인 어디에서든 접근하기가 쉽고 일상을 통해 플레이모빌을 경험할 수 있었습니다.

라이프스타일 전시, 즉 우리의 일상을 통해 언제 어디서든 접근가능한 형태의 만남이라는 점에서 매우 인상적이었습니다. 길을 걷다가도, 어떤 상점을 이용 중에서도, 공원에서 휴식을 취하다가도 전시가 진행 중임을 인식할 수 있도록 최소 로컬^{연희동}안에서 지속적 홍보가 꾸준히 되고 있었습니다. 이곳 주민뿐들만 아니라 연희동을 찾은 사람들 입장에서는 어쩌면 하나의 즐거운 마을 단위 축제에 참여한 것 같은 느낌을 받을 수 있었을 것입니다. 그 중심에 플레이모빌이 온화한 미소를 곳곳에서 전달하고 있음에 마음이 따뜻해집니다.

플레이모빌 50년,
미래를 향해

1974년 2월 2일, 플레이모빌이 처음 뉘른베르크에서 열린 장난감
박람회에서 새로운 장난감을 선보였을 때 지금과 같이 즉시 사랑받는
브랜드는 아니었습니다. 서서히 아이들의 방을 차지하며 어느덧 시간이
흘러 2024년, 50주년이 되었습니다. 반백 년이라는 플레이모빌의 시간은
어찌보면 이미 어른이 된 세대에게는 지난날의 어린 시절 가지고 놀던
장난감을 추억하는 시간일 것이며, 이제 막 나고 자라는 아이들에게는
생애 첫 놀잇감을 만나는 새로운 시작의 시간이 되겠지요.

그러나 전 세계적으로 태어나는 아이들의 수가 줄고, 점점 미디어 노출이
늘어나면서 플레이모빌 뿐만 아니라 장난감 제조업체들은 대부분
소비부진에 따른 어려움에 직면하고 있습니다. 물론 복합적인 이유가
있을 것입니다. 세계적인 경기침체, 임금 문제, 운송 및 에너지 비용
상승에도 큰 영향을 받았겠지요.

그동안 플레이모빌은 급변하는 시장상황에 늘 일관된 자세로
대응했습니다. 현재는 고인이 된 호르스트는 라이선싱 사업에 별로
관여한 적이 없습니다. 그 이유는 바로 미리 만들어진 캐릭터성이
아이들의 상상력을 제한한다고 보았기 때문입니다. 그래서 플레이모빌은

언제나 자신만의 라인에 충실했습니다.

50주년을 맞은 지금, 이제 플레이모빌도 전략적 혁신을 꾀하고 있습니다.
플레이모빌의 강점을 적극 활용한 캐릭터 상품을 개발하는 것입니다. 이미
많은 브랜드와의 컬래버레이션을 통해 플레이모빌만이 가지는 특별한 의미를
증명해왔기 때문에 앞으로의 미래는 더더욱 멋진 제품들로 가득할 거라는 핑크빛
환상을 가져 봅니다.

2024년 1~2월 사이 뉘른베르크 장난감 박람회에서 플레이모빌의 캐치프레이즈는
'미래를 향해Going into the Future'였습니다.
백곰삼촌은 언제나 트렌드를 앞서가는 플레이모빌의 변화를 응원합니다.

대한민국 최고의 플레이모빌 전도사, 백곰삼촌

2019년 여름, 저는 〈플레이모빌: 더 무비〉의 극장 개봉을 앞두고 제품을
영상으로 소개해 줄 곳을 찾고 있었습니다. 그때 아빠들이 진정성을 듬뿍 담아
장난감을 소개하는 서울토이 유튜브 채널을 보게 되었고, 백곰삼촌(당시는
서울토이 김성수 대표)과 첫 인연을 맺게 되었습니다.
그 이후 플레이모빌 공식 수입원인 저희 ㈜아이큐박스와 백곰삼촌은 라이브
커머스, 영상 프로젝트, 프로그램, 전시까지 참 다양한 플레이모빌 콘텐츠를
함께 하게 되었고, 지금까지도 변함없이 플레이모빌에 대한 애정과 진심을
담은 콘텐츠를 만들어 주고 계십니다.

Anything is possible.
상상하는 모든 것이 가능하다는 플레이모빌의 브랜드 슬로건을 영상과
프로그램으로 현실화하며 그동안 차곡차곡 모은 아카이브로 이렇게
멋진 플레이모빌 입문서를 출간하시다니, 진심으로 축하합니다.
이 책은 단순히 플레이모빌을 소개하는 것을 넘어 우리나라에서 저자가
직접 진행한 활동을 통해 체감한 플레이모빌의 교육적, 심리적 가치까지
상세하게 설명합니다.
아이들에게는 무한한 가능성을, 어른들에게는 행복을 선물하는 플레이모빌.
지금 바로 이 책을 통해 '작은 손 안의 커다란 세상' 플레이모빌에 빠져 보세요!
당신의 삶에 작은 행복을 더해줄 것입니다.

백곰삼촌을 항상 응원하는

㈜아이큐박스 마케팅 이사

최재욱

감사의 말

SPECIAL
THANKS TO.

<두유라이크 플레이모빌>이 나온 건 모두 이분들 덕택!

이 책이 나오기까지 도움을 주신 분들이 계십니다. 우선 플레이모빌의
매력에 누구보다 크게 공감하여 저에게 소중한 출간 기회를 주신 두유라이크
출판사의 이은영 대표님께 고마운 마음을 전합니다. 이어 독일 현지에서
만나 뵙고 흔쾌히 책을 출간하는 데 도움을 주신 플레이모빌 본사의 CEO 및
Oliver Niess, Sybille Rabe, Björn Seeger 등 관련 부서의 담당자분들, 그리고
누구보다 물심양면으로 이 책이 출간되기까지 애써주신 IQBOX의 강유진
대표님, 최재욱 이사님, 이형균 부장님, 김선형 차장님, 이진수 과장님, 노의태,
조현정 대리님께도 같은 마음을 전합니다. 독일 본사와 여러 어려운 조건들을
조율해 주신 Wildbrain CPLG 안수진 지사장님 정말 감사합니다. 또한 밤낮
가리지 않고 창의적인 디자인으로 책을 멋지게 꾸며 주신 디자인닷 이혜진
대표님께도 감사드립니다.

끝으로 이 책을 위해 자신만의 플모세계를 가감 없이 소개해 주신 디오라마
아티스트 올리버쉐퍼Oliver Schaffer 및 조미나, 김태식, 오케이티나, 겸덕님,
그리고 덴마크 보이후드의 야콥 부르그소Jakob Burgsoe, 인터뷰에 응해 주신
까칠씨, 로시니팅, 마슈, 스티츄, 유진플라, 윤쓰, 플모35, 플모무비클럽
최감독님까지 감사의 마음을 전하고 싶습니다.

끝으로 플레이모빌을 조금 많이(?) 사랑하는 어린아이 같은 저를 언제나
사랑으로 바라봐주는 제 가족들에게 진심을 담아 전합니다.
사랑합니다.

지은이
백곰삼촌

플레이모빌 코리아 공식 앰배서더
서울토이(주) 대표이사
동네건축가 겸 순천향대학교 건축학과 겸임교수
인스타그램 @baekgom_uncle

백곰삼촌은 플레이모빌 코리아 공식 앰배서더로,
행복한 장난감 놀이 콘텐츠를 공유하고 있습니다.
이 책의 인세 수익은 취약 계층 아이들에게
100% 전액 장난감으로 기부됩니다.

DO YOU LIKE PLAYMOBIL
두유라이크 플레이모빌

초판 1쇄 발행 2024년 9월 15일

지은이 백곰삼촌

발행인 이은영

디자인 디자인닷 www.design-dot.co.kr
제작 혜윰나래
발행처 두유라이크 DO! U LIKE
출판등록 제 2024-000035호
주소 서울특별시 마포구 신촌로2길 19 CO_STATION 2F
전화 070-7766-0408 **E** young@doyoulike.kr
인스타그램 @doulike_books **X(트위터)** @DOULIKE_BOOKS

ISBN 979-11-988633-0-0 13630